咸阳博物院

第一帝都的历史风华

丝路物语 书系

主编 李炳武

本册主编 马社强

西安出版社

图书在版编目（CIP）数据

第一帝都的历史风华：咸阳博物院 / 马社强主编. — 西安：西安出版社，2021.12（2024.4重印）
ISBN 978-7-5541-5725-1

Ⅰ.①第… Ⅱ.①马… Ⅲ.①博物馆-历史文物-介绍-咸阳 Ⅳ.①K872.413

中国版本图书馆CIP数据核字(2021)第234009号

第一帝都的历史风华
咸阳博物院
DIYI DIDU DE LISHI FENGHUA
XIANYANG BOWUYUAN

主　　编：马社强

出 版 人：屈炳耀
策划编辑：李宗保　张正原
项目统筹：张正原
责任编辑：路　索
美术编辑：李　坤
责任印制：尹　苗
出版发行：西安出版社
社　　址：西安市曲江新区
　　　　　雁南五路1868号影视演艺大厦11层
电　　话：（029）85253740
邮政编码：710061

印　　刷：	三河市华东印刷有限公司
开　　本：	787mm×1092mm　1/16
印　　张：	16.75
字　　数：	171千
版　　次：	2021年12月第1版
印　　次：	2024年4月第2次印刷
书　　号：	ISBN 978-7-5541-5725-1
定　　价：	78.00元

如有印刷、装订问题，本社负责另换。

序一

阅读文物 拥抱文明

郑欣淼

文物所折射出的恒久魅力，已为越来越多的人所认识。今天呈现在读者面前的这部"丝路物语"书系，就是这一魅力的具体体现。

"让收藏在博物馆里的文物、陈列在广阔大地上的遗产、书写在古籍里的文字都活起来。"（习近平语）党的十八大以来，习近平总书记担负着实现中华民族伟大复兴的历史重任，饱含着对传统文化的深厚感情，让文物活起来始终为其所关注、所思考。让文物活起来，就是深入挖掘文物的内涵，充分发挥文物的作用。中国文物是中华民族的文明印记和精神标识，是全体中国人乃至全人类的珍贵财富；它对于激发人民群众对中华优秀传统文化的了解、认同和热爱，坚定文化自信，汇聚发展力量等作用是不言而喻的。

近年来，一些优秀的文物类书籍、综艺节目、纪录片、文化创意产品等不断涌现，文化遗产元素成为国家外交的桥梁，文物逐渐成为"网红"并受到越来越多年轻人的青睐，这些都充分彰显着"让文物活起来"已逐渐从理念转化为行动，那些在历史长河中积淀下来的文物珍存正在不断走近百姓、融入时代、面向世界。

　　说到文物，不能不把眼光聚焦于丝绸之路。人类社会交往的渴望推动了世界文明间的相互交融和渗透，中华文明与亚、欧、非三大洲的古代文明很早就发生接触，相互影响，相互交流。直到1877年，德国地理学家李希霍芬在他的著作《中国——我的旅行成果》里首次提出了"丝绸之路"的概念。近半个世纪以来，随着丝绸之路考古发现和学术研究的不断深入，极大地开阔了人们的视野。特别是"一带一路"倡议的全面推进，丝绸之路研究更成为国际显学。在古代文明交流史上，丝绸之路无疑是极其璀璨的一笔。它承载着千年古史，编织着四方文明。也正因为丝绸之路无与伦比的历史积淀，形成了独特的历史文化遗产，其数量之大、等级之高、类型之丰富、序列之完整、影响之深远，都是世所公认的。神秘悠远的古代城址、波澜壮阔的长城关隘烽燧遗址、精美绝伦的艺术品、气势磅礴的帝王陵墓、灿若星辰的宫观寺庙、瑰丽壮美的石窟寺……数不清道不尽的文物珍宝，足以使任何参观者流连忘返，叹为观止。2014年，"丝绸之路：长安—天山廊道的路网"成功跻身《世界文化遗产名录》，使丝绸之路迎来了新的历史机遇，也对广大文化文物工作者提出了新的要求。

　　"让文物说话，把历史智慧告诉人们。"这是习近平总书记的谆谆嘱托。中华文化优雅如斯，如何让文物说话，飞入寻常百姓家，是当下无数文化界人士亟待攻坚的课题，亦是他们光荣的使命。客观来讲，丝绸之路方面的论著硕果累累，但从一般读者角度，特别是从当下文化与旅游结合角度着眼的作品不多，十分需要一套全面系统地介绍丝绸之路文物故事的读物。令人欣喜的是，西安出版社组织策划了这套颇具规模的"丝路物语"书系，并由李炳武先生担任主编，弥补了这一缺憾。李炳武先生曾经长期在文物文化领域工作，也主持过"中华国宝·陕西珍贵文物集成""长安学丛书"和《陕西文物旅游博览》等大型文物类图书的编纂工作，得到了业界的充分肯定；加之丛书的作者都是有专业素养的学者，从而保证了书稿的质量。

如何驾驭丝绸之路这样一个纵贯远古到当今、横贯地中海到华夏大地的话题，对于所有编写者来说，都是具有挑战性的。这套书的优点或者说特点，可以概括为以下几个方面：

这套书最大的一个优点，就是大而全。从宏观的视野，用简明的线条，对陆上丝绸之路的博物馆、大遗址进行了全景式梳理，精心遴选主要文物，这些国宝的历史、艺术和科学价值在字里行间一一呈现。

丝绸之路文化遗产类型丰富，作者在文中并没有局限于文物本身的解读，还根据文物的特点做了大量的知识拓展，包括服饰的流变，宗教的传播，马匹的驯化，葡萄等水果的东传，纸张的发明和不断改进，医学的发展，乐器、绘画、雕刻、建筑、织物、陶瓷等视觉艺术的交互影响，等等。其中既有交往的结果，也有战争的推动。总体而言，这些内容是讲述丝绸之路时所不可或缺的内容，使读者透过文物认识了丝绸之路丰富的文化内涵。

值得称道的是，这套书采取探索与普及相结合的方式，图文并茂，力求避免学究气的艰涩笔调,加入故事性、趣味性,使文字更具可读性,达到雅俗共赏的目的。通过图书这一载体,能够使读者静静地品味和欣赏这些文物,传达出对历史的沉思和感悟,完善自己对文物、丝绸之路和文化的认知。读过这套书后,相信读者都会开卷有益,收获多多,文物在我们眼中也将会是另一番面貌。

我们有幸正处于坚持以人民为中心的改革发展伟大时代,每一件文物,都维系着民族的精神,让文物活起来,定会深入人心、蔚为大观。此次李炳武先生请我写序,初颇踌躇,披卷读来,犹如一场旅行,神游历史时空之浩渺无垠,遐思华夏文化之博大精深。兼善天下,感物化人历来是每一个中国知识分子的精神所属,若序言能为一部作品锦上添花,得而为普及民众的文物保护意识起到促进作用,何乐而不为?

是为序。

· 郑欣淼 ·
原中国文化部副部长、故宫博物院原院长、中华诗词学会会长、著名历史文化学者。

序二

丝路物语话沧桑

李炳武

2013年9月，中国国家主席习近平访问哈萨克斯坦时，在纳扎尔巴耶夫大学发表演讲，首次提出共同构建"丝绸之路经济带"的宏伟倡议。2014年6月，"丝绸之路：长安 — 天山廊道的路网"成功跻身《世界文化遗产名录》。

丝绸之路是世界上路线最长、影响最大的文化线路。丝绸之路是指起始于古代中国的政治、经济、文化中心——古都长安（今西安）连接亚洲、非洲和欧洲的古代陆上商业贸易路线。它跨越陇山山脉，穿过河西走廊，通过玉门关和阳关，抵达新疆，沿绿洲和帕米尔高原通过中亚、西亚和北非，最终抵达非洲和欧洲，向南延伸到印度次大陆。这条伟大的道路沟通了中国、印度、希腊三大文明，全长一万多千米。它是一条东方与西方之间经济、政治、文化进行交流的主要道路，促进了欧亚大陆不同国家、不同文明之间在商贸、宗教、文化以及民族等方面的交流与融合，为人类社会的共同发展和繁荣做出了卓越贡献。

公元前138年，使者张骞受汉武帝派遣从陇西出发，出使月氏。13年中，他的足迹踏遍天山南北和中亚、西亚各地。在随后的2000多年间，无数商贾、旅人沿着张骞的足迹，穿越驼铃叮当的沙漠、炊烟袅袅的草原、飞沙走石的戈壁，来往于各国之间，带来了印度、阿拉伯、波斯和欧洲的玻璃、红酒、马匹，宗教、科技和艺术，带走了中国的丝绸、漆器、瓷器和四大发明，举世闻名的丝绸之路渐渐形成。

用"丝绸之路"来形容古代中国与西方的文明交流，最早出自德国著名地理学家李希霍芬1877年所著的《中国——我的旅行成果》一书。由于这个命名贴切写实而又富有诗意，很快得到学术界的认可，并风靡世界。

近年来，丝绸之路迎来了新的历史机遇，沿丝绸之路寻访探秘的人络绎不绝。发展丝路经济，研究丝路文明，观赏丝路文物成了新时代的社会热潮。中央文化产业发展专项资金资助项目"丝路物语"书系，便应运而生。在本书和读者见面之际，作为长安学研究者、"丝路物语"书系的主编，就该书的选题范围、研究对象、编写特色及意义赘述于下：

"丝路物语"书系，以"丝绸之路：长安—天山廊道的路网"遗产及相关博物馆为选题范围。该遗产项目的线路跨度近5000千米，沿线包括了中心城镇遗迹、商贸城市、聚落遗迹、交通遗迹、宗教遗迹和关联遗迹五类代表性遗迹以及沿途丰富的特色地理环境。共计包括三个国家的33处遗产点，其中吉尔吉斯斯坦境内3处，哈萨克斯坦境内8处，中国境内22处。属丝绸之路东段的重要组成部分，在丝绸之路交通与交流体系中具有独特的起始地位和突出的代表性。它形成于公元前2世纪，兴盛于公元6至14世纪，沿用至公元16世纪，连接了东亚和中亚大陆上的中原地区、河西走廊、天山南北与七河地区四个地理区域，分布于今中华人民共和国、哈萨克斯坦共和国和吉尔吉斯斯坦共和国境内。沿线遗迹或壮观巍峨，或鬼斧神工，或华丽精美，见证了欧亚大陆在公元前2世纪至公元16世纪之间人类文明进步的重要阶段，以及在这段时间内多元文化并存的鲜明特色。

"丝路物语"书系，每册聚焦古丝绸之路上的一座博物馆、一处古遗址或一座石窟寺，力求立体全面地展示丝绸之路上的历史遗存、人文故事和风土人情。这是一套丝绸之路旅游观光的文化指南，从中可观赏到汉代桑蚕基地的鎏金铜蚕，饱览敦煌石窟飞天的婀娜多姿，聆听丝路古道上的声声驼铃。古丝绸之路是人类文明的宝贵遗产，记录着社会的沧桑巨变，这也是一部启封丝路文明的记忆之书。

"丝路物语"书系，以阐释文物为重点。文物是中华民族的精神标识。"让收藏在博物馆里的文物、陈列在广阔大地上的遗产、书写在古籍里的文字都活起来。"这对于激发人民群众对中华优秀传统文化的了解、认同和热爱，坚定文化自信，汇聚发展力量不可小觑。

文物是不可再生的国之珍宝，从中可折射出人类文明的恒久魅力。对文化的认同感与归属感应当成为一种生活状态。我们从梳理丝绸之路沿线博物馆馆藏文物、石窟寺或大遗址为契机，从文化的立场阐释文物的历史意义，每篇文章涵盖了文物信息的描述、历史背景的介绍、文物价值的分享和知识链接等板块，在聚焦视角上兼顾学术作品的思想层与通俗作品的故事层双重属性，清晰地再现文物从物质性到精神性的深层转变，着力探讨文物作为一种精神力量对历史的思考。用时空线索描绘丝绸之路的卓越风华，为读者梳理丝绸之路的文化影响，以文物揭示历史规律，彰显更深层、更本质的文化自信，激发读者的民族自豪感。"丝路物语"书系以文物为研究对象，从中甄选国宝菁华，讲述它们的前世今生。试图让读者从中感受始皇地下军团的烈烈秦风，惊叹西汉马踏匈奴的雄浑奔放，仰慕大唐《阙楼仪仗图》的盛世恢宏，这是一部积淀文化自信的启智之作。

"丝路物语"书系，以互动可读为特色。在大众传媒多元数字化的背景下，综合运用现代科技的引进更能推动文化传播的演变进入一个崭新的领域，相契于文字的解读，更透出传统文化的深邃意蕴。为多维度营造文化解读的可能性，吸引更多公众喜欢文物、阅读文物，"丝路物语"可谓设计精良，处处体现出反复构思、创新的态度。设计重点关注视觉交流的层面，借助丰富的图像资料和多媒体技术大幅强化传统文化元素可视、可听、可观的直接特征，有效提升文化遗产多维度的观感效果。古人著书立说重字画兼备，"宣物莫大于言，存形莫善于画"，所以由"图书"一词合称。本书系选用了大量专业文物图片，整体、局部、多角度展示，让读者在阅读文字之余通过精美的图片感受文化的震撼与感动，让读者更好地认知历史、感知经典，体验当代创新之趣。

"丝路物语"书系，以弘扬互利共赢的丝路精神为使命。"丝绸之路：长安—天山廊道的路网"在东亚古老的华夏文明中心和中亚历史悠久的区域性文明中心之间建立起长距离的交通联系,在游牧与定居、东亚与中亚等文明交流中具有重要意义,并见证了古代亚欧大陆人类文明与文化发展的主要脉络及若干重要历史阶段以及突出的多元文化特征,是人类进行长距离交通、商贸、文化、宗教、技术以及民族等方面长期交流与融合的文化线路杰出范例。

2000多年前,我们的先辈筚路蓝缕,穿越草原沙漠,开辟出联通亚欧非的陆上丝绸之路。这不仅是一条通商易货之道,更是一条文化交流之路。沿着古丝绸之路,中国将丝绸、瓷器、漆器、铁器传到西方,也为中国带来了胡椒、亚麻、香料、葡萄、石榴。沿着古丝绸之路,佛教、伊斯兰教及阿拉伯的天文、历法、医药传入中国,中国的四大发明、养蚕技术也由此传向世界。更为重要的是,商品和文化交流带来了观念创新。比如,佛教源自印度,却在中国发扬光大,在东南亚得到传承。儒家文化起源于中国,却受到欧洲莱布尼茨、伏尔泰等思想家的推崇。这是交流的魅力,互鉴的成果。这些各国不同的异质文化,犹如新鲜血液注入华夏文化肌体,使脉搏跳动更为雄健有力。古丝绸之路绵亘万里,延续千年,积淀了以和平合作、开放包容、互学互鉴、互利共赢为核心的丝路精神。

新时代、新丝路、新长安。2017年,习近平主席在"'一带一路'国际合作高峰论坛"上指出:古丝绸之路是人类文明的宝贵遗产。为让这些遗产、文物鲜活起来,西安出版社策划出版的"丝路物语"书系,承载着别样的期许与厚望,旨在以丝绸之路的隽永品格对话当代社会的文化建构，以高度的文化自觉唤醒当代社会的文化自信。

我们作为丝绸之路起点长安的文化工作者，更应该饱含对传统文化的深厚感情，自觉担负起实现中华民族伟大复兴的历史重任，充分运用长安学的最新研究成果，为保护、研究和传承人类文明的宝贵遗产尽心尽力，助推"一带一路"伟大事业的蓬勃发展。

精品力作是出版社的立身之本，亦是文化工作者的社会担当。"丝路物语"书系的出版，凝聚着众多写作和编辑人员的思考与汗水。借此，特别感谢郑欣淼部长的热情赐序；感谢策划人、西安出版社社长屈炳耀先生的睿智选题与热情相邀；感谢相关遗址、博物馆领导的支持和富有专业素养的学者和摄影人员的精心创作；更要感谢西安出版社副总编辑李宗保和编辑张正原认真负责、卓有成效的工作。

"丝路物语"书系的出版虽为刍荛之议、管窥之见，但西安出版社聆听时代声音、承担时代使命以及致力于激活文化遗产、传播中国声音的决心定将引领其走向更远的未来。

是为序。

·李炳武·
陕西省文物局原副局长、陕西省文史馆原馆长、"长安学"创始人、陕西师范大学国际长安学研究院首任院长、三秦文化研究会会长、长安学研究中心主任、著名历史文化学者。

咸阳博物院
西汉玉俑头

第三章 青铜金银器
融多元文化 汇礼乐文明

051 西周凤鸟铭文铜鼎　金凤呈祥 大国礼器

056 战国错金银铜鼎　青铜镕金 华丽转身

060 战国青铜链梁钫　战国遗珍 国属探究

066 战国雁足灯　青灯梦影 雁音传书

072 战国安邑下官锺　辗转魏韩秦 量刻各不同

078 秦"修武府"温杯　夫礼之初 始诸饮食

084 秦龙纽錞于　秦国重器 以龙作纽

090 秦诏书铭文铜权　权行天下 一统六国

094 秦蟠螭纹铜镜　以铜为镜 可正衣冠

098 西汉鎏金鲁王虎符　调兵遗将 决胜千里

104 西汉馆陶家四连铜鼎　公主重器 皇家风范

110 西汉阳朔四年铜锺　物勒工名 考核分明

114 汉代温酒炉　大汉古韵 温酒遗珍

118 西汉卧羊铜灯　金羊载耀 既孝且祥

第六章 石刻
以时光为刀 刻历史之脉

178 秦龙纹砖空心砖　不朽杰作 寄情千年

182 西汉三千兵马俑军阵　宏大威武 最"牛"军神

190 北朝彩绘陶牛车模型　变革融合 引领风尚

194 隋四系瓷罐　简约古朴 人间烟火

198 宋青釉刻花瓷碟　巧如范金 精比琢玉

202 清青花渔樵耕读图瓷盘　渔樵耕读 隐逸情怀

206 清雍正霁蓝釉琵琶尊　天霁色青 极致之美

211 北周贺兰祥与夫人刘氏墓志　权力密网 政治联姻

218 大周无上孝明高皇后碑　关中碑冠 顺陵残碑

224 大唐故王夫人墓志铭　盛世之下 短暂人生

232 唐贺兰二府君墓志　千古疑案 真假难辨

240 唐故安国寺照和上碑　高僧名碑 清道大度

244 明清拴马桩　庄户『华表』民俗瑰宝

目录

001 开篇词

第一章
古建筑古遗址
檐飞千秋景 舟渡往来欢

003 咸阳文庙（孔庙）
崇圣启智 教化传承

010 咸阳古渡遗址
秦中要塞 第一大渡

第二章
玉器
润万物高洁 琢君子之德

015 战国龙凤玉佩
比德于玉 祥瑞之物

018 西汉玉仙人奔马
汉代圆雕 玉之瑰宝

022 汉代玉熊
憨态可掬 灵气逼人

026 西汉玉俑头
神采俊秀 玉人翘楚

032 西汉玉辟邪
招祥引瑞 攘灾驱邪

036 汉圆雕玉鹰
展翅翱翔 心怀天下

040 汉绿玉蝉
含玉于口 希冀永生

046 汉透雕"延年"玉璧
玉璧礼天 巧夺天工

122 汉鎏金铜熊、赤金熊
乖巧可爱 辟邪驱魔

126 新莽铭文铜量
王莽改制 新设度量

134 东汉长宜子孙铜镜
多子多福 繁衍生息

138 隋四神铭文铜镜
传承创新 简洁大方

142 唐"三乐镜"
自由活泼 意趣盎然

146 唐錾花金执壶
盛世金华 旷世情怀

第四章
钱币钱范
通商贸繁荣 承盛世气象

153 战国陈爰金币
稀有货币 王贵馈赠

158 秦"半两"
方圆一体 开山之铸

162 西汉马蹄金、麟趾金
秦诏浇铸 黄金封赏

168 西汉五铢钱铜范
钱文秀美 经久耐用

第五章
陶瓷
煅时代审美 传巧计神思

173 秦水神骑凤纹空心砖
朴实古拙 以农为本

开篇词

丝路物语 咸阳博物院

秦地最胜,无如咸阳。咸阳位于关中平原腹地,渭河穿南,峻山亘北,山水俱阳,是中国大地原点所在地,为古丝绸之路西出长安第一站。周祖后稷、公刘在此教民稼穑、树艺五谷,开创中华农耕文明先河。周、秦、汉、唐等13个王朝在此建都或设为京畿。公元前221年,始皇帝在此建立中国历史上第一个大一统中央集权制王朝——秦朝。统一度量衡,设郡县,书同文,车同轨,行同伦,铸就中华民族大一统的思想基因。世事更迭,27座帝王陵寝和800余座陪葬墓,绵延百里,出土文物的精美程度和等级无与伦比,滋养了一座藏品丰厚的文物宝库——咸阳博物院。

第一章 古建筑古遗址

檐飞千秋景 舟渡往来欢

遗址见证着岁月变化和历史沧桑,是过往的活化石。咸阳古渡几千年,虽已不见当年的繁华和匆忙,但依然在这里静静地诉说着过去那些离愁别绪、悲欢离合和刀光剑影;咸阳文庙巍峨矗立,历经六百多载风雨,芳华依旧,延续历史文脉,昭示着文明永恒。

咸阳文庙（孔庙）

崇圣启智 教化传承

咸阳是全国历史文化名城，文庙古建筑群为其重要组成部分。

文庙亦称孔庙，玄宗开元二十七年（739），"诏夫子既称先圣，可谥曰文宣王"，此后孔庙又称文宣王庙，即"文庙"。孔庙始创于公元前478年，是祭祀孔子的庙宇。中国古代孔庙按性质可分为两种：一是家庙，仅有山东曲阜孔庙和浙江衢州孔庙；二是官庙，包括京师孔庙、地方文庙。

地方孔庙在形制上以曲阜孔庙为模本，但以各地行政级别的高低而有明显的等级差异。孔庙基本的建筑格局在宋代已初步形成，大体包括了大成门（戟门）、两庑、大成殿、启圣祠及泮池等学宫建筑。至清代，建筑形制基本固定，较为完整的建筑群包括万仞宫墙（照壁）、牌坊、棂星门、泮池、大成门（戟门）、大成殿、两庑、崇圣祠、明伦堂、文昌阁、尊经阁、名宦祠、乡贤祠、敬一亭等。

文庙有孔庙、夫子庙等别称，全国比较著名的文庙有曲阜孔庙、南京夫子庙、北京孔庙、吉林孔庙等，目前国内保存较好的文庙只有300余座，列为国家重点文物保护单位的有21座，咸阳文庙就是其中之一。

咸阳文庙位于明清咸阳城区中山街，是咸阳城区目前保存较为完整的明清古建筑群。2003年被陕西省人民政府公布为第四批省级文物保护单位。2006年5月25日被国务院公布为第六批全国重点文物保护单位。咸阳文庙以山东曲阜孔庙为蓝本建造而成。据明代万历十九年（1591）张应诏撰

文庙牌楼照片

文庙牌楼老照片

《咸阳县新志》载："明洪武四年（1371）县丞孔文郁主持修建。"文庙原有面积30余亩，坐北朝南，平面呈长方形，整个建筑群由四进院落组成，主体建筑均按南北轴线依次排列，从棂星门至戟门为第一进院，顺棂星门往北经泮池到戟门，戟门两侧有名宦乡贤祠、忠孝节义祠，左坊题记"德配天地"，右坊题记"道贯古今"。第二进院主要建筑有大成殿、两侧东西庑各七间。第三进院主要建筑为明伦堂。第四进院主要建筑为尊经阁、渭阳书院。文献记载，咸阳文庙先后经过明宣德三年（1428）、天顺三年（1459）、成化十年（1474）、万历四十三年（1615）重修，清康熙二十年（1681）、嘉庆二十年（1815）、同治五年（1866）、光绪十四年（1888）葺治。

文庙大成殿照片

咸阳文庙目前面积仅剩11046平方米，基本上保存了明代早期风格，建筑坐北面南，共有四进院落，由南而北依次有木牌楼、前殿、东西廊庑、中殿、后殿、小牌楼、偏院东西厢房、偏院正殿。整体布局主次分明、结构严谨，主建筑沉稳、扩大，在强调中轴线而形成三进院落的基础上，又因地制宜，别置第四进院落，形成自己独有的特色，是古建筑保护与文物展示相结合的成功范例。

咸阳文庙牌坊为原城隍庙牌坊，1943年被咸阳县长刘法钰移建于此，为全木斗拱式结构，四柱三间三楼式，歇山顶，前檐、后檐均施如意斗拱，

大成殿及东西庑老照片

斗拱重叠,木雕精细,琉璃覆顶,造型庄重浑厚,门前有清代石蹲狮1对,牌坊用以赞颂和弘扬孔子的思想成就。

一殿即前殿,位于原孔庙戟门处,面阔五间,进深二间,单檐歇山式屋顶,青灰板瓦屋面,檐下施三踩斗拱,斗拱为一斗三升。台基部分的踏跺、垂带、象眼保存完好。祭拜孔庙先在此门前整理衣冠、端正仪表,以示尊孔。此门也成为仪门。

东西庑各面阔七间,进深两间,五脊硬山式顶,青灰板瓦屋面,前有回廊,有檐口柱六根。其作用是祭祀供奉配享孔子的历代先贤名儒。名宦祠或乡贤祠，是孔庙内祭祀当地政绩卓著的官员和士绅名流之所。

大成殿即中殿，始建于明洪武四年（1371），面阔五间，进深四间，单檐歇山顶，青灰筒瓦屋面，在前台明左右两边有砖雕八字形小影壁。正脊、垂脊、戗脊、博脊搭配紧凑。前檐有廊，有柱头科、角科、平身科斗拱，檐柱六根。三踩单昂斗拱，翼角起翘。前有平台，台基部分的踏跺、垂带、象眼基本保存完好。大成殿是孔庙的主体建筑，供奉孔子塑像或者牌位，殿前平台为举行祭祀礼仪乐舞的月台。

三殿即后殿，面阔为明三暗五，进深四间，五脊硬山式屋顶，青灰筒瓦屋面。梁架结构为四椽栿带前后乳栿，檩下有斗拱平枋、立枋。前檐、后檐均施三踩斗拱，檐斗拱为一斗三升，云朵花板棋。三殿应为明伦堂用途，是孔庙内学宫的主要建筑，是讲学论道的场所。

小牌楼为两柱三楼式，庑殿顶，斗拱为九踩、翘，花雕板棋。绿色琉璃筒瓦铺面，飞檐翘翼。四根戗柱支撑，玲珑精巧。

偏院正殿面阔三间，进深二间，单檐歇山式屋顶，青灰筒瓦屋面，角梁起翘，高飞檐明显。前檐有廊，檐柱四根。五踩重昂斗拱，明间前檐为重翘斜昂斗拱，斗拱用材硕大，转角飞檐翘翼，十分壮观。偏院正殿及东西厢房应为教谕署、训导署教学办公场所。

咸阳文庙虽饱经六百多年岁月的沧桑，但依然壮观，庄重秀丽，散发着历史的光彩，承载着文化的内涵。它作为一种固态文化存在，在以儒家思想为核心的中国传统文化发展史上起到了象征和符号的作用。咸阳文庙古建筑群错落有致，恢宏壮观，既有北方庭院的大气雄浑，又糅合南方庭院的精巧雅致，辅以民俗石质文物，衬以名贵花木异草，环境优美，是咸阳历史文化休闲的重要场所。同时，咸阳文庙作为博物馆，基本陈列包括秦咸阳历史文物陈列、西汉三千彩绘兵马俑、宗教文物陈列、历代碑石陈列、民俗石刻文物陈列五大板块，展出文物4000余件，在新时代中国特色社会主义建设中发挥着爱国主义教育、优秀传统历史文化传承、古建筑保护利用及地域文化引领等作用，也是咸阳对外宣传的一张靓丽名片。

（郭海强）

咸阳古渡遗址

秦中要塞 第一大渡

一叶扁舟,一根竹篙,三三两两的过客,成就了古渡最初的风貌。

清代有诗:"华岳仙掌望崝涵,雁塔晨钟响城南。骊山晚照披秦地,曲江流饮绕长安。灞柳风雪三春暖,太白积雪六月寒。草堂烟雾紧相连,咸阳古渡几千年。""咸阳古渡"为关中八景之一,为古咸阳水上交通要道,连接渭河两岸,是古长安通往西北、西南的咽喉要道,地理位置十分重要。

咸阳古渡从商代末期开始,距今已经有三千多年的历史。秦、汉、唐时期,咸阳作为京畿之地,是西出长安、古代丝绸之路的第一渡,明洪武四年(1371),咸阳县西迁到渭水驿,咸阳古渡成为"秦中第一大渡"。

历史上,咸阳古渡经历了从秦代的"横桥"到西汉的"渭桥",又从唐代的"便桥"到明清两朝的"古渡口",已有千年的历史变迁,因而便

咸阳古渡

有了"咸阳古渡几千年"之说。渡口,是人们送客远行的起点,也是长途跋涉的终点。企盼重逢时望眼欲穿,辗转徘徊;挥泪话别时难舍难分,步履迟滞。千百年来,咸阳古渡曾上演了不少刀光剑影、血雨腥风的历史大剧,也见证了无数普通百姓的喜怒哀乐、悲欢离合。滔滔渭水,作声东流,"悠悠事旋空,寒声尽夜流"。那些发生在渡口上的一幕幕历史画卷,犹如昨天。文成公主和亲,昭君出塞,唐玄奘西去取经,张骞、班超出使西域,这些历史上的真人真事,都是从咸阳古渡出发,成为千古绝唱。

咸阳古渡如今虽已失去昔日的风貌和繁华景象,但却留下了诗人王维被后人千年传唱的《送元二使安西》,你可以想象人们曾在此送客,一唱三叹,离愁别绪,其中别有一番滋味在心头。

早期人类生活中有用船只涉水渡河,运送人、物到对岸的交通方式,古渡是基于这种交通方式形成的特定地点。古渡的位置相对固定,一般设置在人口稠密、往来繁忙的交通要道上。我国古代，渡口分为官渡和私渡两种。官渡主要适用于一些较大的渡口，分为大船驳渡、浮桥过渡和船桥并用三种；私渡主要适用于一些较小的渡口，分为撑渡、绳渡和野渡三种。私渡中最浪漫的当属"野渡"，正所谓"春潮带雨晚来急，野渡无人舟自横"，表现得正是野渡这一方式的率性和随意。

咸阳古渡也就是渭阳渡，是其中最大的渡口。如今，咸阳古渡经历了两千多年的岁月沧桑，唯有明、清时期的古渡故址尚可寻找，关于秦、汉、唐时期的古渡遗址已不复存在，我们只能从有关史书的记载中和历代文人墨客的笔下，了解当年古渡的历史风貌。

咸阳境内水系发达，渭水贯通，咸阳渡是西行渭河上的第一大渡，是扼守丝绸之路的要冲。古渡兴于秦汉，盛于隋唐，作为商旅和军旅必经的咸阳古渡催生了繁华的都市。明嘉靖十年（1531），重修咸阳渡，石砌护堤，构筑码头，并以舟为浮桥，岁可常通。

咸阳古渡，春夏用舟，秋冬有桥，渭水之上曾修建了多座木柱桥梁，尤以"渭水三桥"最为著名。近年来，考古发掘先后探索到三座桥的遗址所在，中渭桥位于窑店镇南东龙村以东约150米处，始建于秦，初称渭桥，因其位于长安城横门外，故也称横桥；东渭桥位于高陵区耿镇白家嘴村渭河南岸2600米处，始建于西汉景帝中元五年（前145），唐东渭桥于玄宗开元九年（721）修建，不但是交通咽喉，而且也是兵家必争之地，战略地位十分重要；西渭桥位于咸阳市西南的秦都区钓鱼台乡资村西南，始建于汉武帝建元三年（前138），亦称便门桥、咸阳桥，唐末废弃，明洪武四年（1371），西安府至咸阳间的驿路过渭水处无桥，于是在咸阳城东南涉渡，称"咸阳古渡"。

2002年3月，咸阳市水利局在修建渭河咸阳城区段河堤工程时，发掘出了古代河堤及咸阳古渡遗址，考古部门随即对遗址展开了抢救性发掘。经过近一个月时间的发掘，共发现明代河堤、清代河堤及民国时渡船泊位各一处，另外还有拴船的铁环等遗迹遗物。通过这些遗物及文献记载，我们判断咸阳古渡遗址位于张飞庙至清渭楼这一区域内。同时，还发现了古人在修筑河堤工程上的技术创新。一是以木桩做基础，上置石堤的方式，解决了石堤建在岸边因未有牢固基础而经常被冲垮的现实问题；二是石缝灌铁，石料相接处用扒钉相连的方法，使石堤构成浑然一体，不易冲毁。正是由于这两种新技术的应用才使我们充分了解这段清代河堤的结构。

忆往昔，千载沧桑，兴衰更替。咸阳古渡曾记录着商贸往来，见证着文化交流。然而如今，车马喧嚣、篙落船起、桨声灯影的咸阳古渡，早已沉寂在岁月的繁华里，留下这斑驳的桩基遗存，向我们无声地诉说着曾经的过往。泱泱渭水，见证了历史浮沉的守望变迁；悠悠古渡，倾诉了迎来送往的离合悲欢。古渡兴衰，恰似岸边旅人徘徊，载一船星辉，驶向咸阳古渡遗址博物馆，靠岸聆听古渡千秋传奇。

（史天闻）

第二章

玉器

润万物高洁 琢君子之德

石之美者为玉。新石器时代,人类已有崇玉的文化习俗。春秋战国时期,贵族阶层以佩玉为时尚。汉元帝渭陵遗址出土的玉仙人奔马、玉鹰、玉熊、玉辟邪、玉俑头,其玉质之良,设计之巧,造型之美,琢磨之精,堪称玉雕史上之杰作。

战国龙凤玉佩

比德于玉 祥瑞之物

贵族阶层以佩玉为时尚，佩玉成为玉器的主流。

中华文化博大精深，在历史的长河中，玉器成为中华文化的象征之一，是中国传统文化的重要载体。玉器的制作与使用，最早可追溯到新石器时代，在漫长的历史岁月里，玉器经历了从磨制由粗到细、装饰由素面到繁缛、形体由大到小日趋变化的过程，玉器材质也从最初的以美石为主，而逐渐追求温润、细腻、通透的视觉感受。因为玉石的硬度较大，所以在打磨的过程中，人们逐渐认识到美丽的玉材与普通石材的不同，玉器也逐渐从石器中分离出来，脱离了实用的功能，而逐渐演变成宗教祭祀的礼器和佩饰，成为权力与地位的象征。

战国龙凤玉佩，玉佩色泽淡雅，平面双雕，一端为龙首，另一端为凤

战国龙凤玉佩

战国（前475—前221）
长10厘米，宽4厘米，厚0.4厘米，重30克

头，龙凤共用一躯，龙凤连体为"〜"形。龙有翼，凤有翅，翼翅同形，龙凤比例协调，神态自然，栩栩如生。躯体饰有卷云网格纹。玉佩两面纹饰相同，有三孔，应是为了方便穿线悬挂而做的小孔，这件玉佩是典型的楚式玉佩。春秋晚期的秦人遗址和墓葬中多发现有楚式玉器，与史料中记载的历代秦王多有娶楚国贵族女子为妻的记载相吻合，可见当时楚文化对秦文化的发展有着一定的影响。

春秋战国时期的楚国，有着崇凤尚龙的习俗。龙的形象起源很早，它是一种幻想的动物。在中国古纹样装饰中，龙纹占有十分重要的地位，龙象征着神圣。凤是中国古代神话中的神鸟,起源于中华原始宗教的自然崇拜。在古人的心中,凤是吉祥之鸟,一直被看作是美丽和幸福的化身。凤纹和龙纹一样,是中国传统玉器纹饰中具有悠久历史的重要纹饰。

战国时期,各诸侯国的格局发生着重大的变革,学术思想上百家争鸣,艺术上一派繁荣,对玉器的发展产生了很大的影响。战国玉器,尤其是佩玉在我国玉器史上享有重要地位,这一时期的佩玉样式繁多,雕饰华美,儒家"君子比德与玉"的思想,使贵族阶层以佩玉为时尚,当时的贵族们认为佩戴玉,不仅仅是简单的装饰,还是"美德"的象征。诸子百家崇玉,王孙贵族爱玉,佩戴玉也成为一种新的社会风尚。这一时期浅浮雕、透雕技法盛行,最能体现时代精神的是大量的龙、凤、虎形玉佩,造型舒展且动感十足,龙、凤的形象一般张口挺胸,做大幅度扭动,呈现动态美的"S"形,使玉器造型生动而富有灵性。

东汉许慎的《说文解字》对玉的解释是:"玉,石之美者。"从古至今,玉被各个时代的人们赋予了诸多美好的寓意。以玉组成的成语就有"金玉良缘""抛砖引玉""金口玉言"等。玉被孔子喻为道德人文修养的象征,他认为玉有仁、智、义、礼等十一德。那时有德的人都随身佩戴玉,只有这样,才能实现人生最高的道德境界。

玉文化博大精深,以玉比德的价值观源远流长,正是因为玉蕴含着丰富的文化内涵,所以千百年来,人们对它倍加喜爱,万般推崇。

(周颖兰)

西汉玉仙人奔马

汉代圆雕 玉之瑰宝

> 玉仙人奔马通过对天马、羽人和云纹踏板的细致刻画，充分表现出汉代人羽化登仙、长生升天的愿望。

1966年春天，咸阳市新庄乡农民在汉元帝渭陵附近取土时，偶然发现了一个被烧焦红土裹着的东西，清洗后竟是一件玉仙人奔马。这件玉仙人奔马由奔马、羽人和踏板三部分组成。马昂首挺胸，双耳竖立，目视前方，四肢遒劲有力地踏在刻有云纹的长方形托板上，右前蹄微微抬起，恰到好处地描绘了马飞奔嘶鸣的瞬间动态。为了表现它并不是一匹普通的马，工匠还在马的身上用阴线琢出飞翼。马背上雕有双翅的羽人，头系方巾，身着短衣，左手紧抓马鬃，右手拿灵芝草，神态自如。配合底座上线雕的祥云图案，呈现出羽人、天马遨游云海的景象。据《史记·封禅书》记载："武帝好仙，比之始皇有过之而无不及。"西汉时期神仙思想风靡，羽人、

西汉玉仙人奔马

西汉（前202—8）
长8.9厘米，高7厘米
1966年咸阳市新庄乡汉元帝渭陵附近出土

天马的形象正是汉人认为通过"羽化升仙",实现成为"神仙"梦想的最有效途径的明证。

"玉,石之美者。"这是许慎在《说文解字》中对玉的解释。中国的玉文化源远流长,用玉制作器物的历史可以追溯到新石器时代。7000年前,中国河姆渡的先民已经开始用璞玉打扮自己,装点生活;先秦时期,"君子无故玉不去身",王公贵族以佩玉作为身份和地位的象征,玉佩的图案也多采用龙、凤、虎的形状,具有浓厚的生活气息和民族特色;时光荏苒,历史的长河不断推动着玉文化的发展,到了汉代,中国玉器文明达到了鼎盛时期。不论是内容还是形式,不论是装饰手法还是治玉技术都发生了很大的变化。这一时期的玉器主要有礼玉、葬玉、饰玉和陈设玉四种,其中葬玉和陈设玉最能体现汉代玉器的特色和工艺水平。

中国古代,玉不仅是圣洁、高雅与权力的象征,也是文化和道德的最高理想,是万事万物美的寄托和化身,同时往往还被赋予了人性。汉元帝在位期间,不仅任用儒生辅政,对下实行宽宏政令,而且他还是第一位果断放弃陵邑制度的皇帝,但是由于社会阶级矛盾激化,自然灾害频发,宣帝开启的西汉中兴局面很快就不复存在了。也许是国力衰弱、民众困苦,迫使元帝接纳了薄葬的习俗,停止了陵邑的建设,然而这却丝毫没有影响他爱好儒家思想,崇尚礼仪风范和对玉器雕饰产生的巨大兴趣。他先后任用几位著名的大臣专门掌管玉事,使西汉的玉雕事业攀上了顶峰,玉仙人奔马可以说就是这一时期的代表作品。

结合出土地及专家学者的研究分析，这件玉仙人奔马应是属于渭陵的陪葬品。渭陵即西汉第八位皇帝汉元帝刘奭的陵墓。《汉书》记载，汉元帝的父亲"宣帝幸河东，凤凰集，得玉宝，乃起步寿宫"。1966年在渭陵出土的这件玉雕，表明汉元帝应该也继父之所好，死后亦有葬玉的习俗。

西汉时期，皇家用玉选料非常考究，采用的是和田玉中的上品羊脂籽料，玉色洁白，质地细腻，晶莹润美。随着汉代经济文化的发展和丝绸之路的开通，采运石料更为便利，新疆地区的玉料得以源源不断地涌入中原，为汉玉的蓬勃发展奠定了必要的物质基础。不过，玉器也并非完全以材质为贵，精湛的雕琢更能使玉器显得精美绝伦。汉代在战国制玉的基础上又有了进一步的发展，加上铁质工具普遍运用到制玉作坊中，所以高浮雕和圆雕作品明显增多，器物表面的抛光工艺也达到了很高的水平，用"光洁如镜"来形容毫不为过。汉代的工匠们选用质地纯净、细腻的白玉为本，巧妙构思，将圆雕、透雕、浮雕和线刻融为一体，使玉雕的造型简洁有力，使冰冷的玉石泛出了勃勃生机。

这件玉仙人奔马通过对天马、羽人和云纹踏板的细致刻画，充分表现出了汉代人羽化登仙、长生升天的愿望。这件规格高、工艺精、造型美的西汉玉仙人奔马，2012年8月1日入选正式发行的"丝绸之路"系列邮票，再一次见证了它独特的魅力和极高的价值。

（张　静）

汉代玉熊

憨态可掬 灵气逼人

> 汉代玉熊体态丰满圆润，憨态十足，具有极强的亲和力。

汉代玉熊，质地为和田白玉，有橘红色石皮。熊呈行走状，身躯壮硕，圆目、尖吻，吻部前端雕出鼻孔，嘴微张，两圆耳紧贴颈部。面颊两侧雕有毛发，粗颈，四肢微曲，足底有阴线纹肉垫，短尾藏于毛发之中。这件利用自然的一块玉料，略加雕琢，便制作成一件既精美又不失生动逼真的熊，堪称"巧夺天工"。

在远古时代，熊被视为力量与吉瑞的象征，是人们崇拜之物。《山海经》所书："熊之穴，恒出入神人，夏启而冬闭。是穴也，冬启乃必有兵。"《穆天子传》记载："春山百兽所聚也，爰有赤熊罴瑞兽也。"《史记》记载："黄帝号有熊，教熊罴貔等六兽习战。"熊的艺术形象，最早可见

汉代玉熊

西汉(前202—8)
长8厘米,宽3.5厘米,前后腿间距3.5厘米
1972年咸阳市渭城区周陵镇新庄村汉元帝渭陵陵园附近出土

于商代妇好墓出土的三只玉熊。汉代是熊类文物最为丰富的时期,其材质多样,造型别致,铜器、陶器、瓷器、木器、漆器等都有熊的形象。1952年在安徽省合肥市汉墓中出土的一对鎏金熊形青铜镇,现藏于中国国家博物馆;1976年在陕西兴平西吴乡北村出土的一件西汉陶熊,则采用了"因势象形"的抽象技法,简括、传神地表现了具有生命力的陶熊形象,带有浓郁的汉代雕塑艺术特点;西安市西郊王家巷出土铜釜的三足,是三只熊背扛釜底;西安市大白杨村出土的铜压袖为熊虎争斗形;汉中市出土的桃都树陶座雕塑一熊;扬州邗江甘泉老虎墩汉墓出土玉飞熊砚滴等。古代流传相氏打鬼时,要扮装成熊的样子或戴熊面具驱鬼,故熊可避邪除恶,是祥瑞的吉兆。在动物界,熊勇猛、彪悍,战斗力强,据说老虎都不敢轻易地招惹熊。

熊不仅见于器座、席镇上,也见于博山炉的山林之间,可见汉时的人们熟知山林中熊的生活。熊在汉代是力士的象征,它不仅仅是人们狩猎、豢养、搏斗的对象,也是人们崇拜、祭祀的偶像,和王公贵族的生活密切相关。据《汉书·外戚传》记载,汉元帝婕妤冯媛,为关内侯、右将军冯奉世之女。建昭年间,汉元帝到虎圈观看斗熊,一头熊逃出虎圈,攀上栏杆要跑到殿上来。元帝左右的贵人都吓跑了,冯婕妤却径直走上前去,挡住了熊,左右侍卫杀掉了熊。冯婕妤以身挡熊保护汉元帝,备受元帝敬重,加封为昭仪。元帝去世后,冯昭仪被封为信都太后,死后同其父冯奉世陪葬于渭陵。汉元帝渭陵陵园出土的汉代玉熊,或许和这段记载的主角冯昭仪有关，所以就把熊表现在通灵的古玉之上。

汉代玉器，已开始冲破周代以来传统礼制观念的束缚，在艺术风格上摒弃以往陈旧的程式化的古风，更多地吸收了楚文化玉器清逸脱俗、自由浪漫的特点，向新的自然写实风格发展。玉熊设计新颖，雕琢精细，腮边与腿侧使用密排短发丝细线，勾勒出熊的毛发，给人以毛茸茸的感觉。玉熊整体形象充满动态与灵气，雄浑豪放。

近距离观赏这件玉熊作品，我们不得不赞叹古代琢玉工匠们与设计大师们的超凡才华。这件材质精良、光泽晶润、形象生动的玉熊，有着极大的亲和力，我们仿佛看见憨态可掬、浑圆体形的小熊在悠然自得地漫步，向我们走来……

（刘晓华　刘晓东）

西汉玉辟邪

招祥引瑞 攘灾驱邪

汉元帝渭陵出土的西汉大玉辟邪和小玉辟邪，是目前我国考古出土年代最早的神兽辟邪实物。

中国古代传说中有许多人们想象中的动物，玉器中的很多神异怪兽也是从传说中演化而来的，其中辟邪便是深受人们推崇的神兽之一。

据《礼记·曲记》记载，辟邪专为古代皇帝守护财宝，称为"帝宝"，是皇帝的宝贝，也是皇室的象征，它源自上古，嘴大吃八方，因只纳不泄，故而寓意招财纳福。辟邪以狮为形，取其强悍、凶猛之意，以起到驱鬼蜮、辟邪魔、显瑞祥的作用。西汉大、小玉辟邪，无论是造型还是历史背景，都非常独特，被称为"汉元帝最爱的招财神兽"。

大玉辟邪是1966年在汉元帝渭陵礼制性建筑长寿宫遗址出土的；另一件匍匐形状小玉辟邪发现于1972年，系一农民在上述同一地点耕地时

装饰有凤鸟纹的鎏金铜鼎
内置大小鎏金编钟各一件、玉辟邪一件

发现一个高 8 厘米、宽 9.6 厘米装饰有凤鸟纹的鎏金铜鼎,鼎内存放着小玉辟邪和两件鎏金编钟。1976 年,咸阳博物院对此地进行了考古勘探发掘,出土了一批西汉宫殿建筑遗物,通过进一步勘探发掘,证明该地是渭陵陵园的礼制性建筑遗址。据史书记载,此地曾是西汉元帝的孝元庙和孝元王皇后的长寿宫所在地,孝元庙修建在先,长寿宫修建在后。由此断定,两件玉辟邪为西汉之物,系西汉元帝的孝元庙或孝元王皇后的长寿宫内的陈设品,后因宫殿焚毁,被埋在建筑废墟中而得以保存。

西汉大玉辟邪

西汉（前202—8）
长7厘米，高5.4厘米，重136克
1966年汉元帝渭陵长寿宫遗址出土

  大玉辟邪，白玉质，局部泛黄色晕斑，圆雕。整体呈蹲踞状，狮形，胸部突出，昂首直视前方。头顶有双角而后伏，半圆形双耳斜竖，双目圆睁，阔口锯齿，面颊饱满，腮有须毛，颌下有长髯垂胸，面目凶恶；前胯处以线刻与浮雕的方法刻出双翼，前腿弯曲有力，身体前倾略微下伏，后腿脚掌着地，脚跟抬起，爪形脚，长尾粗壮，卷曲下垂，体态雄健威仪。该辟邪采用了镂空透雕、高浮雕和线刻等技法，充分表现了辟邪机警凶猛的神态，整体造型威猛霸气，英姿勃发。辟邪的四足、鼻尖、角与尾巴都有深浅不同的黄色沁斑，鬼斧神工，妙趣天成。

西汉小玉辟邪

西汉(前202—8)
高2.5厘米,长5.8厘米,重49.3克
1972年汉元帝渭陵长寿宫遗址出土

小玉辟邪,白玉质,局部泛紫红褐色或黄色晕斑,圆雕。面似狮,呈匍匐状,头顶双角并合,角端处向左右分开,张口露齿,双目圆睁,双耳竖立,面颊雕有须毛,肩生双翼,尾下卷。前腿弓支,一侧后腿奋力后蹬,爪形脚;头微偏,面目狰狞,身体贴伏地面作"蛤蟆"式,呈现出捕食前凶猛的神态,以浅刻阴线表现腿部和羽翼处毛纹。

从文献记载和考古出土实物看,神兽辟邪多是成对成双出现,咸阳渭陵出土的这两件玉辟邪,就是一大一小,一雄一雌。蹲踞状大玉辟邪,胸肌上浮雕"人"字形长髯、后腿之间有明显突起,以示睾丸,应为雄性;

匍匐状小玉辟邪却无此特征，应为雌性。两尊玉辟邪莹润透亮，均用新疆和田玉圆雕而成，细如发丝的线刻，线条流畅，刚劲有力，整体造型雄浑大气，气势威严。

据考古研究，此大、小玉辟邪乃是西汉第八位皇帝汉元帝刘奭的御用之物，是我国目前发现年代最早的玉辟邪实物，具有极高的研究价值和艺术价值，其中大玉辟邪入选中国邮票总公司2012-21《和田玉》特种邮票。两件玉辟邪玉质润泽、工艺精湛、极具艺术震撼力，堪称西汉玉器精品。

辟邪，是我国古代神话传说中的一种神兽，似狮而带双翼，为凶猛、勇健的象征。它在天上负责巡视工作，阻止妖魔鬼怪、瘟疫疾病扰乱天庭。较早提到神兽辟邪的书籍是西汉元帝时黄门令史游著的《急就篇》和东方朔著的《十洲记》等。《急就篇》说："射魅辟邪除群凶。"唐颜师古注："射魅、辟邪、皆神兽名……辟邪，言能辟御妖邪也。"《十洲记》曰："聚窟洲在西海中，申未之地，地方三千里，北接昆仑二十六万里……有狮子、辟邪、凿齿、天鹿，长牙铜头铁额之兽。"有人认为《十洲记》非汉武帝时期东方朔所撰，而是后人假托其名，所以最早提到神兽辟邪的书籍应是《急就篇》，以此判断神兽辟邪最迟在西汉元帝时已经出现了，这一点可从渭陵出土的这两件玉辟邪得到证明。

汉代的狮翼神兽之所以被称为辟邪，这与当时社会的主流思想有关。汉代的文化特征主要是受黄老学说影响，以富有寓意的纹饰，表达内心中的某种渴盼与祈求。这些内心寄托的事物成为玉器制作的主要内容，尤其是以神兽怪仙作为汉代文物中的审美趣味，更为关注意识的感知体验，突出内在精神的表达愿景。辟邪的引申含义为避除邪祟、破除不祥，在古时辟邪的主要任务就是守护平安，玉辟邪代表人们对美好生活的期盼。

结束了秦以前的长期战乱，汉朝立国，百废待兴。汉代的统治者在战后推行休养生息的国策，开创了"文景之治"，使汉代的百姓安居乐业，丰衣足食，在内心他们更愿意去追求一种自然闲适的幸福生活。而"辟邪"两字就蕴含着欢乐、美好、幸福、平安的寓意。大汉王朝在汉武帝刘彻时代国力强盛，开疆拓土，汉武帝派遣张骞出使西域的壮举，不仅开拓了丝绸之路，打通了中原与西域的通道，使新疆和田玉料得以大量进入内地，从根本上推动了汉代玉器的发展进程，实现了中西方文明的互鉴和交流。

辟邪的原形为狮子，狮子产于西亚、北非等地。在西汉时期，随着丝绸之路的开通，佛教的传入，狮子作为佛陀的守卫兽和化身，被西域诸国作为贡品不断献给皇廷王室。其"百兽之王"形象遂取代了老虎，在中原地区逐渐被神化，并与中国传统的翼兽相结合，从而衍生出了具有中国特色的狮翼神兽——辟邪，因此这一造型的出现与丝绸之路开辟之后贡狮入境有着千丝万缕的关系。

这两件寓意"招祥引瑞、攘灾驱邪"的玉辟邪，莹润的质地，精湛的雕刻工艺，生动传神的造型，散发着独特的魅力，堪称玉文化艺术之瑰宝。

（王宣懿）

西汉玉俑头

神采俊秀 玉人翘楚

西汉玉俑头材质优良，雕刻细腻，工艺精湛，对研究汉代的服饰制度有一定的参考价值。

玉俑头玉质为青绿色，有灰绿色纹带，出土时仅剩头部，从颈部斜侧处断裂。俑头戴冠，长脸，平眉，直鼻，胡须稀疏，双耳较大，精雕耳郭及耳孔。两眼平视，五官俊秀，神态端庄，脑后发丝排列整齐，束发挽起至头顶，方圆形箍收拢发梢，冠顶钻有插发笄的长方形穿孔。玉俑头采用圆雕、浮雕、阴线刻画等技法雕刻而成，雕琢精美，线条流畅，刀法洗练，造型逼真，于方寸之间将人物面部特征和神态表达得淋漓尽致。

据考古资料可知，最早的玉雕人像是在四川巫山县大溪文化遗址中发现的，距今已有五六千年的历史。商周时期玉人数量多，种类广，形制多样，大多出土于大型、中型墓葬中。玉雕人像种类和造型，除少数为扁平

西汉玉俑头

西汉（前202—8）
高8.5厘米，面宽5.3厘米，重328克
1966年咸阳市渭城区周陵镇新庄村汉元帝渭陵陵北建筑遗址出土

侧身外，其余均为圆雕头像和圆雕全身像，基本造型也都是圆柱体。出土于河南安阳殷墟妇好墓中，共有10余件，这些玉人多数雕成跪坐、蹲踞或双手扶膝状，并根据身份有不同的衣、冠和发式，而且着力描绘面部。人物造型有跪坐、站立和侧身三种，另外还有玉人头。春秋战国时期不仅盛行使用品质优良的和田玉，而且构思巧妙，大胆创新，佩形玉人多见。汉代玉器不仅拥有高超的雕刻技法，还包含了丰富的精神意境，通过工匠们想象创作的玉器形象传递着人们对于人、神、自然和谐相处的理想理念。

这件玉俑头写实性较强，工匠观察细致，善于把握人的面部特征，用简单的几刀阴线勾勒出眉、眼、鼻、嘴，给人以淳朴的美感。由于玉俑头颈部以下有断裂，所以目前我们无法断定其完整的造型和体量的大小，也许是站立的形象，也许是跪坐的形象，不管是站姿还是坐姿，工匠雕刻的应是一个仿真的玉人形象。从玉俑头的胡须仅上部可以看出，此俑的年龄可能相对年轻。上古时，华夏族之冠主要从属于礼制，男子成年时皆行冠礼。因为社会地位的不同，所以人们所戴的冠也有差别。汉代冠是身份、官阶，以至官职的标志。而"卑贱执事"即身份低微的人，只能戴帻而不能戴冠。冠本是"贯韬发"之具，也就是加在发髻上的一个发罩，并不覆盖整个头部，这从玉俑头的装饰上可清晰地看到。

《汉书》记载："凤凰集祋祤，于所集处得玉宝，起步寿宫，乃下诏赦天下。"玉在古代往往被赋予了人性温和柔美的一面。那么，出土于汉元帝渭陵附近的这件神采俊秀的玉俑头有何功用？玉俑头出土在汉元帝陵庙孝元庙遗址的建筑遗址中,著名学者刘庆柱先生认为这件玉器应该是皇帝生前的喜爱之物,按照汉代人的丧葬习俗,死后移放在神魂所在的庙中供其继续享用。通过对其造型、纹饰、工艺进行详细分析,再结合出土环境和文献记载,我们认为渭陵陵庙遗址出土的这件圆雕玉俑头,很可能是专门制作的在以舞乐降神的祭祀仪式中承担招祥引瑞功能的灵物。汉代在民间,很多平民通过使用玉器来对不祥事物进行辟邪,比如使用严卯、翁仲、司南佩来祈求平安,消灾避难。

中国的玉文化博大精深,发展到汉代更是达到一个巅峰时期,尤其是自从张骞出使西域之后,汉代帝王用玉以新疆和田上等优质籽料为最多。两千多年过去了,古丝绸之路上的悠悠驼铃声虽然已经远去,但这件规格之高,造型之美,工艺之精,玉质温润,神采俊秀的玉俑头似乎正在默默向我们讲述它的前世和今生!

(史一媛)

汉圆雕玉鹰

展翅翱翔 心怀天下

> 玉鹰材质精良，造型生动，呈展翅飞翔状，雕琢精致，保存完整，是汉代罕见的玉雕精品。

　　圆雕玉鹰的发现非同寻常，当地村民在夯筑土墙刷修墙表时，从墙表土中刷出了这枚玉鹰。玉鹰通体为和田籽料，外表局部有橘红色皮壳，做展翅飞翔状。以圆雕、透雕、线刻相结合的手法雕刻而成，眼、嘴、背部羽毛均阴线刻，两爪相对，羽部扇形展开。此件玉鹰材质精良，造型生动，呈展翅飞翔状，雕琢精致，保存完整，是汉代罕见的玉雕精品。

　　玉鹰的主人汉元帝刘奭（前75—前33），为汉宣帝刘询与嫡妻许平君所生，是西汉的第八位皇帝。刘奭在位16年，实行了一系列政治举措。改革陵制，于永光四年（前40）十月下令，将西汉帝王诸陵依其地界分属三辅管理；历史上有名的故事"昭君出塞"也发生在汉元帝时期。在汉

汉圆雕玉鹰

西汉（前202—8）
长5.5厘米，宽7厘米，厚3厘米
1972年咸阳市渭城区汉元帝渭陵陵北汉代建筑遗址出土

朝铁骑消灭郅支单于，南匈奴求娶汉女的形势下，元帝独具政治眼光，将王昭君赐婚匈奴，打破了汉王朝此前因需终止战乱而主动送女"和亲"的局面，改善了大汉王室与匈奴的关系。

汉元帝多才多艺，善史书，通音律，少好儒术，为人柔懦。于竟宁元年（前33）五月，在长安未央宫去世，终年42岁，葬于渭陵（今陕西咸阳市东北6000米处）。渭陵始建于永光四年（前40）。陵园近方形，南北410米，东西400米，四周有夯土筑成的垣墙，垣墙正中各置阙门，与陵冢底边正中相对。陵园四门距陵园正中的封土堆约为110米左右。陵冢位于陵园之中，呈覆斗形，冢底边长约115米，冢顶边长50米，高25米。今陵冢顶部已塌陷，面积约400平方米，深约2米。此件玉鹰便出自此遗址之中。

圆雕动物玉器是玉雕中最为常见的表现形式。自新石器时代起，在红山文化、良渚文化、龙山文化中均可以看到玉鸟、玉猪龙、玉蝉、玉龟、玉鹰等生动的圆雕动物形象。这些表现大自然中动物形象的玉器，带有初创时期古拙、稚真的趣味，在技术上比较简单，到汉代逐渐成熟。汉代圆雕动物玉器之所以异军突起，除了从新石器时代延至战国时期的长期技术积累的原因，还有一个重要原因就是统一帝国的形成促成繁荣的经济局面，以及西汉统治者对西域广袤地区的开发经营，确保了边疆通往内地贸易的畅通，使和田地区玉石原材料得到充足供应。汉代玉器创作的动物、人物形象生动，取材广泛。渭陵出土的这件玉鹰，精妙地刻画了一只欲飞行觅食的雄鹰形象，勾喙圆眼、双翅展开、尾呈扇形，双爪收于身下、头略侧，双翅雕琢起伏层叠的羽毛，头后和背部采用阴刻Y形纹的刀工，以此表现羽毛的特征。整体线条流畅而风格浑厚，十分成功地将雄鹰发现猎物，将作俯冲之势这一瞬间的形态表现得淋漓尽致，栩栩如生。

古人对于鹰的崇拜可以追溯到早期的各个文化时代，人们认为鹰鹫之所以不同，在于面对生存的态度上，性傲者为鹰，性鄙者是鹫，鹰寓意着勇敢、英雄。在以游牧文化为主的少数民族中鹰则普遍被崇拜。千百年前，茫茫草原，游牧民族"逐水草而居"，在恶劣的生存环境下，他们面对困难不妥协、不认输，就像苍鹰受天之托，神翅蔽日月，乘风呼啸来。而自汉武帝派张骞出使西域后，各国间经济、文化交流频繁，陆上贸易通道开拓,使得西域各国、少数民族的文化和汉文化有了更好地融合。而汉元帝在位期间平灭郅支、和亲匈奴的举措,也进一步体现了西汉帝王想要平定匈奴,一统天下的英雄气魄,西汉帝国何尝不像一只振翅飞翔的雄鹰傲视天下呢?

汉代动物圆雕的巨大成就对后世的玉器艺术有着深刻的影响。中国玉器史上有关动物圆雕的另一个重要发展阶段——唐代和宋代。其动物圆雕的琢制手法、线条、装饰图案等都可以在汉代玉器的圆雕动物中找到源头,二者一脉相承。唐代繁荣富强,与西方交流频繁,受西域各国文化的影响更加深入,大多采用和田青、白玉为原材料,在传统的基础上创新,更将雕塑与绘画手法融入玉器雕刻工艺之中,使其内容更加丰富。而至宋代,中国玉器广泛进入了民间生活,体现着宋代的人文风貌和文化特色,不再是贵族们的专属品。

《诗经》言:"言念君子,温其如玉。"中国是礼仪之邦,自古以来,内涵丰富而又深厚的礼玉文化,始终贯穿于民族文化发展的整个过程之中。玉器以其深刻的精神内涵与文化气息,成为君子之美德的象征,也是身份、地位、国家礼化功能的体现,更是普通百姓寄托美好愿望的器物。

展翅玉鹰质地细腻润泽,雕刻手法简练大气,将玉鹰犀利的目光、展翅欲飞的状态捕捉得生动传神,我们的眼光仿佛穿越千年,看见一只雄鹰掠过天际,迎着风雨,勇敢飞翔。

(苏 丹)

汉绿玉蝉

含玉于口 希冀永生

玉晗之所以多取蝉形，在内涵上，一是取其高洁之风，二是取其复活和新生之义。

东汉许慎所著《说文解字》称："石之美者谓之玉。"中华文明早在九千多年前就开始将天然玉石加工成玉器，史前时期的红山文化和良渚文化均出土过大量的精美玉器。然而，囿于技术手段的落后，最初玉器的产量很低，只作为祭祀礼器使用。《左传》说："国之大事，在祀与戎。"玉器甫一出现，便是最高规格的"天子之器"，只有部落首领才有资格使用。随着制作工艺的进步，各种类型和用途的玉器出现，至秦汉时期，玉器的使用已经不仅限于祭祀，使用者亦不仅限于"天子"，士人、大夫或以玉为佩，或以玉殓葬，玉器种类也分化为玉礼器、丧葬玉、佩饰玉、玉器皿和玉摆件几大类。

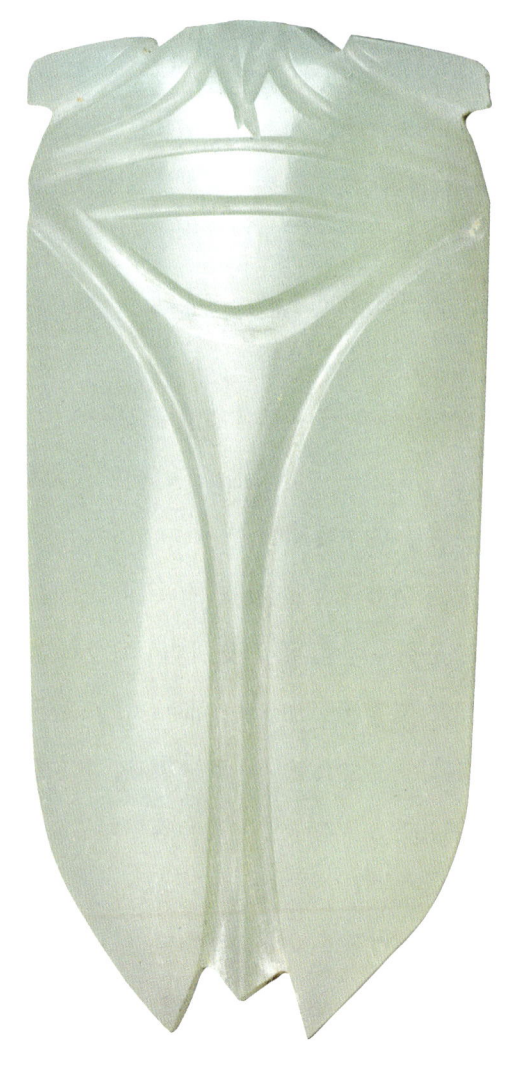

汉绿玉蝉

西汉(前202—8)
长5.5厘米,宽2.9厘米
征集自民间

这件绿玉蝉，属于汉玉中的丧葬玉，为玉晗的一种，质地为青玉质，蝉体整体造型扁平，双眼突出，用阴线刻出头、两翼及双翅弧线，刀法简洁有力，是典型的"汉八刀"作品。

丧葬玉，顾名思义，是专用于随葬的玉器。古人以玉殓葬，其原因主要有三：

一是认为玉器有特殊的功效，施覆于人体各部位可以保护尸体，防止腐朽。东晋的葛洪在《抱朴子》中说："金玉在九窍，则死人为不朽。"让死人"不朽"，是古人用玉随葬的主要原因。

二是玉器的价值极高，以玉敛葬可彰显身份。有一种说法叫"事死如事生"，人们认为死亡只不过是另一种生活的开始，与生前没有什么分别，所以一切吃穿用度须遵照生前，甚至于更加奢华，而精美的玉器无疑是身份地位的象征。在春秋战国时期，玉器作为一种稀缺物品，其价值甚至以城池为衡量单位，最为人所熟知的当属和氏璧，还有蔺相如"完璧归赵"的千古佳话。

三是玉器在某种程度上代表了儒家仁义礼智信的思想。早在先秦时期，玉的道德文化观念就出现在各类文学作品中。人们托物言志，将美玉拟人化，与人的美好品德和外貌作对比。《诗经·秦风》中说："言念君子，温其如玉。"讲的是女子思念在外出征的丈夫，思念他温润如玉的性格。宋玉在《神女赋》中写神女的模样也是："貌丰盈以庄姝兮，苞温润之玉颜。"两汉时期，玉为儒家所推崇，并将其文化属性理念化，倡导"君子比德于玉"。在儒家宣扬之下，玉器成为"君子之器"。上至王侯将相，下至士人大夫，对玉，无不趋之若鹜，这也是古人以玉殓葬的另一个重要原因。

在"罢黜百家，独尊儒术"的两汉时期，受儒家用玉观的影响，形成了一套完整的葬玉制度，其等级森严，玉器类型不一而足，主要包括以下几种：

玉晗

有典籍称玉晗为"押舌"，是死者含在口中的葬玉，但又区别于九窍塞中的口塞。《周礼》记载："大丧共（供）含玉。"大丧，一般指皇帝或父母之丧。玉晗形制也各式各样，有玉镞、玉牙、圆形玉饼、鸡心玉、玉鱼、玉蚕、玉蝉等。

玉覆面

玉覆面即玉质丧葬面具，是由近似人面部五官形状的若干件玉器按人体面部大小形态缝缀在布料上，形式各不相同，每套面具中的各件数量不等，各呈扁平形，边角有穿孔供缝缀用。

玉握

玉握是古人在死者手中放置的玉器，以示死后享有财富。商周时代玉握的形制为贝或璜形玉片，东汉初年起盛行以玉豚一对，分握两手中，玉豚造型作变形化处理，为长条形，四肢蜷曲伏卧状。豚是农业经济发展的标志，代表生活安定和富足。东汉的玉豚发现较多，往往成双出土，唐宋以后，玉豚逐渐消失。

玉九窍塞

填塞或遮盖死者身体九个窍孔的玉器。计有双耳、鼻孔、口和肛门塞六件，双目和生殖器盖三件。眼盖形状如椭圆形杏子，常琢几个细孔，可以缝缀在布眼罩上；耳塞与鼻塞均为圆柱形；肛门塞亦为圆形；口塞为新月形玉片。使用九窍塞者，多为贵族。

玄璧

玄璧是一种深绿色或青色的玉璧，一般成组放置于墓主尸体的前胸和后背，并以织带相连接，最后在玉璧表面粘贴一层织物，把前胸和后背的玉璧各自编联在一起，其用意和玉衣使用之意雷同。

玉衣

玉衣又称"玉匣葬具"，一般由长方形的玉片拼接而成，与人的体积大小相当。玉衣分头罩、上身、袖子、手套、裤筒、鞋六部分，每部分又各由两个部件组成，每块小玉片的四角均有供穿系的小孔。用黄金线缕缀连的称"金缕玉衣"，为皇帝或皇帝特赐的亲王、大臣死后使用。妃嫔、亲王及高级官吏按等级分别使用银线、铜线、镀金铜缕编缀。玉衣的出现标志着葬玉制度发展到了巅峰。20世纪70年代，在河北满城发现的汉墓中，中山靖王刘胜穿的就是金缕玉衣，其玉衣共有玉片2498片。

在各类丧葬玉中，玉晗出现的时间最早。考古发现，在新石器时代的大汶口文化遗址中，古人就已经在死者口中放置玉晗，为的是不忍死者虚其口，其形制为长度3.7厘米的玉镞。西周时，人们开始将玉晗做成蝉形，直至西汉中期以后，玉晗的形制才固定为玉蝉。

至于为何要将玉晗做成蝉的形状，历来说法不一。有人认为，蝉蛰伏于高处，只饮露水，是遗世独立、高洁之士的代表；有人认为，蝉能变蛹钻入地下，又能脱壳飞上树梢，既具有上天入地的本领，又有脱去皮壳重生的灵异，古人视其为神虫，故以蝉含口中，希望死者能像蝉一样破土重生。综上所述，玉晗之所以多取蝉形，在内涵上，一是取其高洁之风，二是取其复活和新生之义。

东汉末年，诸侯连年混战，民生凋敝，加之东汉后期厚葬之风盛行，诸侯以一国之力陪葬的情况不在少数，所以各地军阀多盗掘墓葬以充军资。有鉴于此，魏文帝曹丕于黄初三年（222）下令"饭含无以珠玉，无施珠襦玉匣"，废除珠玉厚葬的习俗，原为葬玉重要组成部分的玉蝉开始走向了没落，作为一种葬俗的玉晗也逐渐消失在历史的长河中。

（葛　夏）

汉透雕"延年"玉璧

玉璧礼天 巧夺天工

汉透雕"延年"玉璧,构图严谨,雕琢精致,为汉代玉器之瑰宝。

透雕"延年"玉璧,玉质呈青黄色,色泽纯净,此璧仅存上半部分,下半部分残佚。璧两面纹饰基本相同,均饰谷纹,谷粒浑圆、饱满。外缘上端饰透雕双螭虎纹,双虎之间透雕有篆书"延年"二字。汉代墓葬中出廓镂雕璧很常见,但饰有铭文的璧却较为罕见。"延年"玉璧更显珍贵。故宫博物院藏有"长乐""益寿"二字的璧,这几个璧当属一类,应是同时代的吉语之作。

螭虎是战国之后玉器中常见的异兽,战国晚期玉器上就有螭虎纹饰。汉以后,螭虎的使用更为广泛。史书记载:"初,汉高祖入关,得秦始皇蓝田玉玺,螭虎纽。文曰'受天之命,皇帝寿昌'。高祖佩之,后代名曰

汉透雕"延年"玉璧

汉（前202—220）
直径15.8厘米，厚0.7厘米
1976年咸阳市周陵公社新庄村出土

传国玺。"汉人崇尚螭虎。班固《封燕然山铭》有"鹰扬之校，螭虎之士"的句子。汉代是螭纹最鼎盛期，数量多，在玉器上多能见到。其中，光武帝用来封国、赐诸王侯、发兵、召大臣、册封外国君主的六玉玺，皆采用螭虎印纽。例如《后汉书·光武帝纪》李贤注引蔡邕《独断》曰："皇帝六玺，皆玉螭虎纽，文曰'皇帝行玺''皇帝之玺''皇帝信玺''天子行玺''天子之玺''天子信玺'，皆以武都紫泥封之。"两汉早期作品，以广东省广州市象山岗西汉初期南越国王赵眜墓出土品为代表。由此可知，螭虎在中华民族的古老文化中代表神武、力量、权势、王者风范。

所谓璧，《尔雅·释器》指出："肉倍好，谓之璧。"邢禹琉："肉，边也，好，孔也，边大倍于孔者名璧。"把璧的形制讲得十分清楚，即璧呈扁圆形，中心有一圆孔，《说文解字》云："璧圆像天。"古人认为天是圆的，所以仿天而作璧。与璧近似的还有玉瑗、玉环，三者的名称，由中心的圆孔大小来决定，大孔者为瑗，孔径与边沿相等者为环，小孔者为璧。

关于玉璧的渊源发展，说法不一，一种认为璧源于环，首先是一种装饰品；一种认为璧源于人们对日月神崇拜的宇宙观。不管是源于环还是受到日月圆形的影响，追本溯源地分析，璧的形成应该说随着社会的发展，具有一定的神灵和迷信色彩，是权力的标志和等级制度的象征。璧为天子礼天之器，诸侯宴享天子时亦用之，说明王者用玉的严格规定。再次还有以玉祭祀祖先，人死后还要以玉陪葬，战国乃至秦汉时期的墓葬中，一般大墓都有玉璧陪葬的习惯，这说明墓主都是有一定身份的人。

我国是世界上用玉最早且绵延时间最长的国家，素有"玉石之国"的美誉。在道德品质方面，以玉比喻君子之德。在政治功能方面，把玉器物化为等级制度的象征，形成"六瑞"（古代以玉作瑞信之物，用于朝聘，计六种，故名"六瑞"），规定不同地位的官员使用不同的玉器，其形制大小各异，以示爵位等级之差别。在礼仪功能方面，礼仪玉器一直占据中国古玉器的主流，"六器"是古代社会礼仪用玉的主干，"以玉作六器，礼天地四方。以苍璧礼天，以黄琮礼地，以青圭礼东方，以赤璋礼南方，以白琥礼西方，以玄璜礼北方"。在装饰功能方面，古之君子必佩玉，君子无故，玉不离身，佩玉成为高洁和地位的象征。

玉璧在民间的故事，最著名的莫过于"和氏璧"的传说了。春秋时期，楚人卞和一次在山中获得一块璞玉，回来后，献给厉王，王使玉工辨识，玉工说是石头，遂以欺君之罪断其左足。后武王继位，卞和又献给武王，仍以欺君之罪断其右足。一直到文王即位，卞和抱玉痛哭于荆山之下，文王得知，派人问他，他说："吾非悲刖也，悲夫宝玉而题之以石，贞士而名之以诳。"文王听了，觉得有点蹊跷，便及时派人剖璞，果得宝玉。甚喜。故称之为"和氏璧"。

玉璧作为美石既是山川之精华，也是上天恩赐的宝物，除用作沟通天地鬼神的灵性祭祀外，还可用作装饰、祥瑞、殓葬等。此玉璧上的"延年"二字，有延年益寿、期盼幸福美满之意，螭虎代表着神武、王者风范。此璧虽残，但构图严谨，雕琢精致，线条流畅，不失为汉代玉器之瑰宝。

（凌　云）

第三章 青铜金银器

融多元文化 汇礼乐文明

咸阳地区出土的青铜器主要以战国和秦汉时期为主。塔尔坡等地出土的龙纽錞于、安邑下官钟、『修武府』温杯、雁足灯等器物,见证了秦帝国建立后对多元文化的吸收和融合。汉代青铜器由礼乐用器逐步向实用器过渡。金器最早见于西周,多以配饰为主,錾花金执壶纹样繁缛,反映了盛唐时期的富丽奢华。

西周凤鸟铭文铜鼎

金凤呈祥 大国礼器

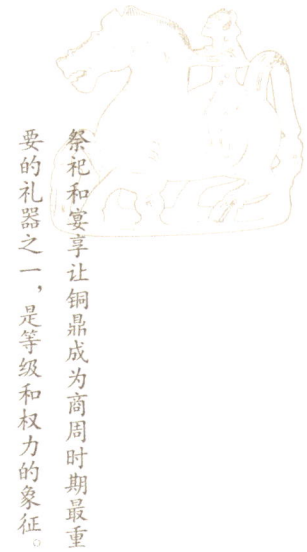

祭祀和宴享让铜鼎成为商周时期最重要的礼器之一，是等级和权力的象征。

  凤鸟铭文铜鼎铸造的时代是西周中期，鼎直立耳，口稍敛，垂腹微鼓，圜底较平，三柱足，鼎底部有三条明显范线。沿下饰有三组两首相对的凤鸟纹带，以云雷纹衬底。腹内壁铸有铭文"白（伯）乍（作）鼎"三字。鼎的制作规整，纹饰精细流畅，铭文清晰，造型庄重大气。

  鼎是古代中国用来烹煮肉和盛贮肉类的器具，相当于今天的锅。汉代张衡的《西京赋》："击钟鼎食，连骑相过。"唐代王勃的《滕王阁序》："闾阎扑地，钟鸣鼎食之家。"都证明了鼎是古代炊器。许慎在《说文解字》里说："鼎，三足两耳，和五味之宝器也。"鼎的形状分为两种，一种是圆腹三足的圆鼎，另一种是方腹四足的方鼎。最早的鼎是用黏土烧制而成，后来人们依陶鼎的样式用青铜铸造铜鼎。鼎在商周时期是贵族的宗庙重器，随着礼乐制度的加强，鼎的性质和功能就起了根本性的变化，不再是单纯的炊器，而成为权利和等级的象征，成为贵族们的专用品。鼎在使用上有着严格等级规定，"天子九鼎，诸侯七鼎，大夫五鼎，士三鼎"，任何人不得逾越。由于时代赋予鼎特殊的含义，早期的鼎具有一定的象征性。

传说，夏禹曾在荆山之下收九牧之金铸造九鼎，以象征九州，并在上面镌刻魑魅魍魉的图形，让人们警惕，防止被其伤害。自从有了禹铸九鼎的传说，鼎就从一般的炊器发展成为传国重器。国灭则鼎迁，夏朝灭，商朝兴，九鼎迁于商都亳京；商朝灭，周朝兴，九鼎又迁于周都镐京。历商至周，都把定都或建立王朝称为"定鼎"。

鼎被视为传国重器、国家和权力的象征，又是旌功记绩的礼器。周代的国君或王公大臣在重大庆典或接受赏赐时都要铸鼎，以记载盛况。而镌刻着凤鸟纹饰的铜鼎更是在当时有着非同寻常的意义。

凤，在神话传说中，为群鸟之长，是羽虫中最美者，飞时百鸟随之，尊为百鸟之王。在古人的心中，凤是吉祥之鸟。凤鸟纹是早期中国器物装饰的主要纹样，其造型构图等历经史前和商周时期的发展而趋于成熟，且展现了强烈的时代特点。随着历史的发展，逐渐超越神秘的图腾性质，演变成为政治观念下的产物和民族意识中的吉祥之物或德高望重之人的代称。

西周时期，凤鸟纹大量出现在青铜器上，可能与周人对凤鸟的崇拜有关，周人将凤鸟视为国运兴衰的祥瑞，呈现出多样性的文化内涵。因此，

西周凤鸟铭文铜鼎

西周（前1046—前771）
高21厘米，口径18.9厘米
咸阳地区出土

关于凤鸟纹的起源目前有两种说法：一种是对玄鸟图腾的崇拜，第二种则是彩鸟祥瑞的象征。《史记·周本纪》记载，周人祖先弃的诞生，受到了飞鸟的帮助。《国语·周语上》则记载："周之兴也，鸑鷟鸣于岐山。"鸑鷟是凤凰的别名，凤鸣岐山是周人崛起的标志，姬姓祖先在岐山发祥。《诗经·大雅·卷阿》一篇据说是周初召康公劝诫成王的诗作，其中有"凤凰鸣矣，于彼高冈"，表达对国运兴隆的祈盼。这种崇拜尤其反映在西周时期的青铜器上，各式凤鸟纹异彩纷呈，也称这一时代为"凤纹时代"。

这件铜鼎上的凤鸟纹造型为勾喙，绶带式冠羽，尾羽分为两股，上股与身体相连，作细长向后平伸状，下股尾羽则与身体分离，呈波浪形。显得华丽神秘，给铜鼎增添了华贵之感。

公元前1046年，周武王伐纣成功，建立了奴隶制王朝——周，并建都于镐京（今陕西省西咸新区沣东新城斗门镇一带），大封天下诸侯，其中文王第十五子姬高被封于咸阳地区，称为毕国。因依周制，"邦畿千里"，所以毕国属于畿内之地，成为周王朝京畿重地的咸阳在西周之时为王直接管理的地区。因此，咸阳地区发现了大量西周时期的文物，由此可见当时的咸阳拥有非常发达的物质文明和灿烂的文化。这件西周时期的凤鸟铭文铜鼎就是最好的佐证之一。

铜鼎经过上千年的发展，已经被赋予了极大的价值，铜鼎代表着鼎盛，具有象征着国家繁荣昌盛的作用。铜鼎还是我国青铜文化的代表。它是文明的见证，也是文化的载体。根据禹铸九鼎的传说可以推想，我国远在4000多年前就有了青铜的冶炼和铸造技术；在咸阳出土的西周凤鸟铭文铜鼎，确凿证明我国西周已是高度发达的青铜时代。鼎和其他青铜器上的铭文记载了西周的典章制度和册封、祭祀、征伐等史实，而且把西周时期的大篆文字传给了后世，形成了具有很高审美价值的金文书法艺术，鼎也因此更加身价不凡，成为比其他青铜器更为重要的历史文物。美学家李泽厚认为，中国青铜器以其"特有的三足器——鼎为核心代表，器制沉雄厚实，纹饰狞厉神秘，刻镂深重凸出"，成为我国青铜艺术成熟期最具审美价值的青铜艺术品。

咸阳博物院所藏的这件凤鸟铭文铜鼎，是西周时期咸阳地区历史与文化最好的记录者与见证者。该器铭文清晰，制作精良，纹饰华美，是一件不可多得的艺术珍品。

（赵梦瑶）

战国错金银铜鼎

青铜镕金 华丽转身

战国错金银铜鼎制作精美，图案奢华富丽，是一件精美绝伦的文物珍宝。

这件战国时期的错金银铜鼎，带盖，盖面隆起，上有三个环状纽。子母口，鼓腹，腹部有凸棱，寰底，下有三马蹄形足。器身饰有错金银柿蒂纹、三角云纹、弦纹及垂叶纹图案。

铜鼎是从陶制的三足鼎演变而来的，最初用来烹煮食物，后来主要用于祭祀和宴享，是商周时期最重要的礼器之一。周代的国君或王公大臣在重大庆典或接受赏赐时都要铸鼎，以记载盛况，这种礼俗至今仍然有一定影响。许慎在《说文解字》里说："鼎，三足两耳，和五味之宝器也。"鼎后来变为政治权利的重要象征，视为镇国之宝和传国之宝，也是"明贵贱，别上下"等级制的明显标志。

战国错金银铜鼎

战国（前475—前221）
口径12.5厘米，通高13.5厘米
咸阳渭城区咸夫人冢附近出土

公元前606年，楚庄王想取周而代之，就借朝拜天子的名义，到周王室那里去问九鼎的大小轻重，结果在周的大臣王孙满面前碰了钉子。王孙满说："统治天下在乎德而不在乎鼎。"庄王很不服气地说："你不要依仗有九鼎，我堂堂楚国有的是铜，我们只要折断戈戟的刃尖，就足够做九鼎了。"王孙满说："大王您别忘了，当初夏禹是因为有德，天下诸侯都拥戴他，各地便贡献铜材，禹才能铸成九鼎以象万物。后来夏桀昏庸，鼎就转给了商；商纣暴虐，鼎又转给了周。如果天子有德，鼎虽小却重，难以转移；如果天子无德，鼎虽大，却也能轻易迁走。周朝的国运还未完，鼎的轻重是不可以窥探打问的。"庄王无话可说。从此以后，人们就将企图夺取政权称为"问鼎"，这也就是"问鼎中原"成语的来历。鼎被视为传国重器、国家和权力的象征，"鼎"字也被赋予"显赫""尊贵""盛大"等引申意义，如"一言九鼎""大名鼎鼎""鼎盛时期""鼎力相助"等。

这件错金银铜鼎，器身及盖面饰有错金银图案，纹饰华美，做工精细。错金银工艺出现于春秋，盛行于战国，西汉以后逐渐走向衰落。早在先秦时代，贵族们便使用金银来镶嵌青铜器物，此种装饰工艺通称为"金银错"，又称"错金银"。错金银工艺是利用金、银良好的塑性和鲜明的色泽，锻制成金银丝或金银片，再将其按花纹图案的形状镶嵌在金属器物表面预留的凹槽内，然后经过捶打，使金、银与铜器牢固地结合在一起，最后经过厝石打磨使金银与铜器表面光滑平整，达到严丝合缝的程度。

战国时期社会处于剧烈的变革时代，生产力得到了迅速的发展，思想上的活跃不仅带来了科学技术和生产力的进步，同时也出现了文化艺术的百花齐放和空前繁荣。此时，商周以来的青铜礼器逐渐衰落，日常生活用器得到了普遍的发展。战国时期青铜工艺最大的特点是出现了新的制作工艺——失蜡法，使青铜铸造技术迈向了一个全新的境界。加之鎏金、刻镂、锻打、铆接等多种工艺的到来，在青铜器制造中饰以金银等贵金属，更显奢华富丽，使这一时期的青铜工艺品呈现出种类丰富，造型独特，装饰华丽，绚烂多姿的艺术风格。

战国时期青铜器的器形崇尚精巧细致，注重实用规矩，富于生活气息，华贵而不失典雅，此时的纹饰向图案化方向发展，这些精美的图案不仅是当时人们对自然社会的认识，也是人们审美价值取向的具体体现。这件错金银铜鼎上的图案，犹如一幅精美的绘画作品，对称工整，既有几何图形的严谨，又有云气纹的灵动，瑰丽典雅，是一件精美绝伦的文物珍宝。

（陈小刚）

战国青铜链梁钫

战国遗珍 国属探究

> 青铜链梁钫以凤鸟为主要装饰图案,凤鸟造型生动,同中存异。

　　1966年4月,咸阳市砖瓦厂的工人在咸阳市东北郊塔儿坡原边取土时,偶然发现了一座长约3米,宽约2米的墓葬,出土文物中有一件青铜链梁钫造型别致,纹饰华美,做工精细。《文物》杂志在1975年第6期发表了题为《陕西咸阳塔儿坡出土的铜器》一文,将塔儿坡墓葬年代定为秦代,但同时又指出"这批铜器并非一国一地一时所造,早的可达战国早期,晚的不迟于秦代,而且刻有铭文的铜器大都自三晋、东周传入"。那么这件青铜链梁钫是否是战国晚期魏国铸造的?如果是魏器,又是因何种原因流入秦都咸阳的?50多年来它留给我们太多的猜想和思考。

　　链梁钫,四棱形,带盖,盖呈覆斗状,盖面上有两个对称半环状纽,

战国青铜链梁钫

战国(前475—前221)
高39厘米,口径7厘米,底径10.5厘米,最大腹径16.5厘米
1966年咸阳市东北郊塔儿坡原边出土

纽中各有一圆环。方口、长颈，斜肩，肩部有一副对称衔环铺首，双螭首提梁与两侧"8"字形活链相连，穿过盖面环耳及肩部铺首衔环而组成便于手提的链梁，构思巧妙，匠心独具。鼓腹，腹下部两侧面各有一铺首衔环，方圈足。此钫四面纹饰相同，盖面等分四部分，均装饰凤鸟。口沿下两个相对而立的凤鸟，昂首挺胸、勾喙、圆目、羽冠上翘，垂尾三分内卷；颈部为倒三角如意云纹；肩部两凤鸟相背而走，尾羽相连；下腹部两凤鸟相对欲卧半起。此青铜钫以凤鸟为主要装饰图案，凤鸟造型生动，同中存异。纹饰呈半凸起状，具有浅浮雕的艺术效果。整个画面布局严谨、比例和谐。此器保存完好，为不可多得的青铜器珍品。遗憾的是，这件设计精巧、纹饰精美的链梁铜钫并没有刻留任何文字，无从查考制作匠师的名字，但透过该器精巧的设计，精良的工艺，我们仿佛看到了一群无名工匠在不分昼夜、分工协作、一丝不苟、精益求精制作此器的场景，被他们的聪明才智、匠心独具，以及耐心、专注、坚持的工匠精神所深深地震撼着、打动着、激励着。

钫，即方形壶，壶体方正，故名钫，为盛酒的容器。《说文解字》云："钫，方鍾也。"鍾常见的为圆形，有灰陶鍾，施各种颜色釉的陶鍾、青铜鍾，甚至汉代还出现了原始瓷鍾。铜钫就是方形的铜鍾，战国时已经流行，但往往自名为壶，到了汉代方壶才自名为钫，如河北满城汉墓出土铜钫上有铭文"中山内府铜钫"。

秦国的青铜文化相对韩、赵、魏等国比较落后，客观的原因是战国时

战国青铜链梁钫手绘图

期秦国的管辖范围限于关中地区,铜原料的来源贫乏。另一方面,秦国统治者反对奢华,倡导朴素的民风和良好的社会风俗习惯。所以秦墓发掘出土的实用青铜酒器数量极少,许多墓主人身份较高的秦墓内只出土了陪葬用的铜明器,也就是微缩版的铜器,有的干脆随葬了制作精良的仿铜陶礼器,所有这些既是为了节约用铜,也与秦人一贯的简朴作风相一致。

相反地,韩、赵、魏等国的青铜文化具有关东先进文化的特征,青铜器纹饰精美、精工细作,代表了战国时期青铜铸造业的较高水平。这主要是由于周平王东迁后,青铜铸造中心从关中转移到关东,韩、赵、魏等国继承了东周相对发达的青铜文化,青铜器造型多样,尤其是青铜壶的样式丰富多彩,有圆形、椭圆形、方形、扁形、匏形等。无论哪种形式,一般都带盖,盖上置纽,纽与梁、环三面系链,形成链梁壶,流行起来。

公元前350年,秦孝公定都咸阳,从公元前340年至公元前225年魏国灭亡,秦国和魏国之间大规模的战役就有11次之多,其中秦国攻占的很多地方就是魏国的冶铁、冶铜等手工业基地,其间对财富的掠夺是不可避免的。咸阳塔儿坡出土的这批青铜器中有铭文的就有6件,其中"安邑下官锺"和"修武府温杯"中的"安邑"和"修武"都是魏国地名,表明这两件器物原来属魏国所有。还有四件有铭刻的铜鼎,从铭文分析原来都不属于秦国,也是从三晋或者东周传入。这表明咸阳塔尔坡墓葬的主人很可能是一个长期同各诸侯国作战的秦国高级将领,大量的关东铜器才能通过战争或其他方式流入秦国。此铜链梁舫虽然无铭文可证,但其器形与河南山彪镇战国晚期魏墓出土的链梁壶几乎如出一辙。它集实用和美观于一体,得到秦人的喜爱,在战争胜利后作为"战利品",从魏国带到秦国也是极有可能的。

也许,还有一种可能,战国中期以后,大量的关东客卿涌入秦都咸阳,尤其是秦国先后灭掉了其他六国,统一了全国后,为了防止各国旧的贵族、豪富图谋复辟,聚众叛乱,便于当年"徙天下豪富于咸阳二十万户"。魏国贵族当然也不例外,他们完全有可能将自己曾经使用过的喜爱的盛酒器从魏国带入咸阳。

每一件事情的发生都是各种因素的合力,偶然中有历史的必然,青铜链梁钫在咸阳出现也应如此。战国时期秦魏之间的战争虽然是长时间的,但也曾出现过短期的相对和平。公元前322年,魏惠王就启用秦相张仪为魏相,与秦、韩联合攻击齐、楚;公元前317年,魏国的内政也受到秦国干涉,按秦国的意思立公子政为太子。所以,此链梁钫被魏国作为礼品馈赠或进贡给秦国也很有可能。

另外,春秋战国以来,随着经济的发展,各个诸侯国及各地区之间的商品交换进一步加强,秦国和魏国之间的官方及民间的贸易不断。此链梁钫也有可能是通过商人的贸易活动流入秦都咸阳的。

时光荏苒,世事变迁。今天,当我们怀着敬畏之心观赏着这件铸造精良、设计精巧、纹饰细腻精美的青铜链梁钫的时候,仿佛穿越时空与秦国人、魏国人在对话。无论它来自魏国、韩国、赵国,还是原本就是秦国的器物,这一切都已经无关紧要,重要的是它带给我们工匠精神的见证和观赏时美好愉悦的感受,还有那无尽的思考和探索。

(王亚庆 陈小刚)

战国雁足灯

青灯梦影 雁音传书

> 雁足灯,以其灵动巧妙的外形设计、精湛的制作工艺,成为战国时期最具时代特色的造型灯。

  北宋欧阳修在《前汉雁足灯铭》中有这样一句描述:"煜守丹阳日,苏氏者出古物,有铜雁足灯,制作精巧。"如此精巧的雁足灯是什么样子呢?

  1966年春,咸阳市砖瓦厂工人在塔儿坡原边取土时,发现一个长约3米、宽约2米的土坑,坑已破坏,似为青铜器窖藏。出土铜器20多件,其中有两件雁足灯,大小形制一样,保存完整。此灯整体呈雁足形,大雁的腿部托住一环形灯盘,灯盘为凹槽圆形,直口,浅槽,平底,内有三锥形烛柱,可同时点燃。雁足四爪,宛若弯钩,尖锐锋利,其中一爪在后附着灯柄,另三爪稳稳踏在桃形灯座上,腿部上方刻出羽翼。灯的整体设计将雁足、腿、圆形灯盘构成C形,既稳定牢固又优雅别致,充分反映了

战国雁足灯

战国(前475—前221)
通高40厘米
1966年咸阳市塔儿坡原边出土

战国雁足灯局部

战国时期工匠精湛卓越的设计才能和艺术创造力。

  灯的发明与古人用火照明密切相关,在新石器时代遗址出土的陶豆,最早开始作为食器使用,后来人们将豆脂、动物油脂盛放在陶豆中并放上灯芯,点燃用以照明,这种豆形灯可能是我国最早灯的雏形。《礼记》记载,商代时期开始做灯,但实物未曾发现。据资料显示,目前在山东、河南、江苏、陕西等地发现有战国时代的雁足灯。秦汉时期,青铜灯已经在日常生活中普遍使用,造型独特,类别丰富,其中有人物灯、鸟灯、羊灯、鱼灯、雁足灯等。北宋时,黄庭坚文:"雁足灯,汉宣帝上林中灯,制度极佳……"到了元、明、清三代,灯具已进入全面发展时期,出现了陶、

战国雁足灯灯足

瓷、铜等其他材质,异彩纷呈。

灯为何做成雁足状? 1976年,在河南安阳妇好墓出土一件铜形器,形似鸟足,下有四爪,这是目前仅见的早于雁足灯的唯一鸟足状器物。还有与雁足灯相关的器物发现于陕西临潼秦始皇陵的陪葬坑中,出土的46件青铜水禽,如鹤、天鹅、大雁等,这些发现足以证实雁足的出现绝非偶然,而是与大雁这种动物的特性有着紧密联系。文献记载,《礼记·月令》曰:"(孟春之月)东风解冻……鱼上冰,獭祭鱼,鸿雁来。"《汉书·苏武传》载"天子射上林中,得雁,足有系帛书",后世遂以鸿雁代指书信。与雁相关的古代词汇大多与书信相关,如"雁使"指传书之使,"雁音"

谓音讯等，以雁作为书信及相互思念的象征。由此可推断，雁形灯具是古人把青灯梦影与游子亲人关联起来，祈盼书信千里传音的。汉以后，雁更是常常出现在诗人寄托思念的诗词中。

大雁，乃禽中之冠，人们赋予它许多美好的寓意，自古还被视为"五常俱全"的灵物，仁、义、礼、智、信在大雁身上都会看到。雁有"仁心"，一群雁中，总有老弱病残之辈，壮年大雁绝不会弃之不管，养其老送其终，此为仁者之心。大雁不仅有仁心，更有情义。"问世间情为何物，直教人生死相许"，因为大雁一旦配偶死去，就不再相配其他的禽类。周代开创的婚礼礼仪，被称为礼仪的根基，婚姻"六礼"即纳采、问名、纳吉、纳徵、请期、迎亲。这六个阶段中有五次要送大雁，意为终身一侣，天涯共飞。因而大雁被认为是世间最有感情的鸟之一。雁"礼也"，飞成行，止成列，长幼有序，不相逾越。天空中的雁阵，飞行时或为"一"字或为"人"字，依长幼之序而排，称为"雁序"。老雁引阵，壮雁再快也不会超越，尽显礼让谦恭之意。雁"智也"，雁群夜晚歇息之际，会由孤雁放哨警戒，体现了一种智慧警惕和团队精神。雁"信也"，在中国古典文献中成为忠诚和守信的代名词。《白虎通义》中讲道，"大雁这种候鸟，因时节变换而迁动，从不爽约，至秋而南翔"，故称秋天为"雁天"。大雁冬去春归，是很讲信用的。

"孤雁不饮啄，飞鸣声念群。"杜甫曾在《孤雁》诗中描述离群的孤雁既不饮水也不啄食，边飞边叫的声音里好似饱含着对同群伙伴们的思念和召唤。像大雁这样"有仁""有义""有礼""有智""有信"的人类伙伴，人们怎么会不喜爱呢？

古往今来，许多文人士大夫题诗咏叹、赞美大雁，以及因其美好寓意而产生的雁足灯，例如《吕氏春秋》中的"孟春之月鸿雁北，孟秋之月鸿雁来"；韦承庆《南中咏雁》中的"万里人南去，三春雁北飞"；陆游《秋思》中的"眼明尚见蝇头字，暑退初亲雁足灯"。

一盏小小的雁足灯，不仅成为古人案桌上优雅的陈设照明用具，也因其高雅的造型和精湛的设计，被文人士大夫们所钟爱。大雁和灯这组"最佳搭档"，带给我们的思考，不仅仅是照亮别人，更多的是激励我们像大雁一样有情有义，守诚忠信，志存高远，不惧风雨，展翅翱翔！

（史一媛）

战国安邑下官锺

辗转魏韩秦 量刻各不同

安邑下官锺器形硕大，制作规整，铭文清晰，是战国时期不可多得的文物珍宝。

1966 年，在陕西省咸阳市渭城区塔尔坡，出土了一件铜锺，当伴随着这件铜锺承载的历史信息一点点被揭开，人们顿时震惊了：原来竟然是战国时期魏、韩、秦三个国家的重器，也是那一段风云变幻历史时代的直接见证。

安邑下官锺形状像常见的圆壶，带盖，鼓腹圈足，肩部有对称的铺首衔环耳；从肩部至腹下有凸线纹三道，其中原有的镶嵌物，今已脱落；盖上有三环纽，环纽上附有外撇的鸟首。在锺身的腹部刻有"安邑下官锺"等 27 字铭文。口沿铭文"十三斗一升"，颈部刻横杠及铭文"至此"。腹部器名"安邑下官重（锺）"，腹部校量铭文："十年九月，府啬夫成、

战国安邑下官锺

战国至秦（前475—前206）
高56厘米，口径19厘米，腹径37厘米，重19.7千克
1966年咸阳市渭城区塔尔坡出土

左(佐)史狄觓(校)之,大大半斗一益(溢)少半益(溢)。"安邑下官锺与香港中文大学藏荥阳上官皿腹铭"十年九月……之"13字完全相同,应是同时校量所刻。"十年九月",有学者认为应是韩桓惠王十年(前263)。安邑属魏,荥阳属韩,锺名与腹铭非同时期所錾;此锺当于魏国安邑刻器名,于魏昭王九年(前287)安邑献秦后入韩国,于韩桓惠王十年(前263)校量刻腹铭,秦王政十七年(前230)灭韩入秦后,在校量刻"十三斗一升""至此"。

安邑下官锺腹部铭文

安邑下官锺壶颈

安邑下官锺壶口

安邑，是魏国的都城（今山西省运城市安邑县）；下官是魏国的一个政府机构，负责制造国家的度量衡器具。从铭文所记，该锺是魏安釐王七年（前169）九月，由一位姓翟的工匠制造的，铭文标明至锺颈的刻线处，实测为25900毫升；至此，我们明白了它不是一件普通的铜锺，而是战国时期魏国的一件标准量器，所以制作得如此精美。此物后来流传到了韩国，又重新加刻较量。并在锺身上刻七行铭文："安邑下官锺十年九月府（付）啬夫栽治吏翟（狄）校之。六口（斛？）一斗一益少半益。"这七行铭文记述了安邑下官锺在韩国较量的基本情况。

但是，它为什么会在秦国出土呢？它与秦国又有着什么样的关系呢？公元前268年，秦军攻占了魏都安邑，俘获了魏国大量的珍宝重器并带回了都城咸阳，这件精美的铜锺也是其中之一。当时，秦国在军事上实行的

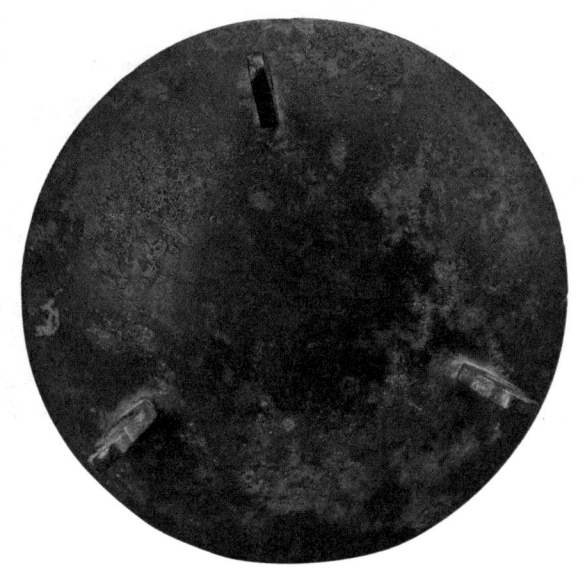

安邑下官锺壶盖

是奖励军功的政策,凡有军功者,均可得到赐爵、赐地、赐官等奖赏。无军功者虽然是宗室贵族也不得超越规定标准,占有田宅、妻妾,连穿衣着履都有一定限制,不得任意铺张。奖励军功政策的实施,大大增强了秦国军队的战斗力。使中央集权制在秦国达到了空前的程度,加速了统一战争的进程。但在文化方面,秦国奉行的是"拿来主义",就是不管东方六国中哪一国的文化,只要是先进优良的,秦国都仿效学习,六国宫殿可以拆后到咸阳重建,六国歌舞可以在咸阳都城上演,魏国的量器当然也可以在秦国重新加刻利用。秦人在安邑下官锺的口沿处加刻一长横杠,又在杠下刻"至此"二字,另外刻"十三斗一升",说明秦也将它作为标准量器,只是与魏国的量值有所不同，所以要刻一道新的刻度线，实测为24600毫升。同一件器物分别记录魏、韩、秦三国的量制，以及刻有三个国家的铭文，这不仅极为罕见，而且承载了非常丰富的历史信息。

安邑下官锺，见证了度量衡制度从建立到完善的历史进程，所不同的是在魏国和韩国时，它见证的是局部、地域性的。安邑下官锺到秦国以后的四十多年间，秦国相继灭掉六国一统天下，建立了中央集权制的封建帝国，并实现了"车同轨、书同文、衡同权、法同治"的统一。

安邑下官锺在历史潮流的漩涡中跌宕起伏，经历了大悲大喜的颠沛命运。然而，历史就是在曲折中前行的，科学与文化也正是在相互之间的碰撞、交融中得到发展的。在经历了2300多年的漫长岁月之后，命运又一次眷顾了这件珍贵的稀世珍宝。它的出土不但为我国的考古研究提供了翔实的宝贵资料，在今天，作为国宝级的重要文物，"安邑下官锺"以它非凡的身世向人们诉说着历史的过往和岁月的沧桑……

（李文娜）

秦『修武府』温杯

夫礼之初 始诸饮食

> 秦"修武府"温杯，既是秦统一六国的见证，又是中国饮食文化发展的实物体现。

1966年4月，咸阳市砖瓦厂工人们在塔儿坡原边取土时，发现一个长约3米、宽约2米的窖藏坑。文物工作者经过抢救性清理，清理出20多件铜器，时代多为战国，其中有一件造型独特的秦"修武府"温杯，器型极其罕见。

秦"修武府"温杯，器身由两部分组成，上部为耳杯，下部为底盘，平面呈椭圆形，杯底有四马蹄形足，铸于底盘上。杯短径两侧各有一个兽面铺首衔环。平面呈圆角矩形，盘底也有四马蹄形足。在耳杯耳部阴面与同侧底盘的边上都刻有"修武府"三字，"府"字为秦风格文字，与三晋作"府"不同。"修武"为地名，古称南阳，属于魏国的地域，在今河南

秦"修武府"温杯

战国晚期至秦（前274—前206）
耳杯长15厘米，宽12.9厘米，腹深5厘米
底盘长15厘米，宽11.5厘米，腹深2厘米
1966年咸阳市塔儿坡原边出土

秦"修武府"温杯底盘

获嘉县境内。《史记·秦本纪》中也有记载:"魏入南阳以和。"秦昭襄王三十三年(前274)修武并入秦的领土,这件温杯应是秦占领此地之后所造,时代在战国晚期至秦。

关于温杯的功能,有学者曾认为是温酒器。1974年的发掘报告中也记作温酒器,其出发点主要是基于以往的考古发掘和研究。耳杯出现于春秋战国时期,春秋晚期到秦汉的墓葬中出土大量耳杯,出土的耳杯上有很多"酒"的文字,文献中关于耳杯功能的记载也与酒有关,因此,最初认为这件铸于底座之上的耳杯属于温酒器。但随着研究的深入,更倾向于是

秦"修武府"温杯耳杯铭文

温食器,类似于汉代的染器。首先,从器型和构造上看,这件器物的耳杯腹极浅,若用作温酒,温度升高很快,可快速升至燃点燃烧,酒烫无法饮用,而且会极快挥发耗尽,况且杯下的四足铸于底盘上,加热的耳杯既不能直接饮用,也不方便倒出。其次,出土的一些耳杯中有食物残留痕迹和关于饮食的字样,如云南昭通桂家院子出土的铜耳杯,一杯中有鸡骨,一杯中有鱼骨。马王堆1号墓中出土的漆耳杯,除书有"君幸酒"者外,还有些书"君幸食",这些都可佐证。

关于温杯的前身,可追溯到商周时期的温鼎。温鼎造型特殊,容纳食物的部分为鼎形,足下接盛炭火的托盘或炉灶,器型大多形制较小,鼎腹较浅,以炭火加热,与一般鼎腹下燃木质类有区别,加热的温度和强度皆低于柴火,基本上是为了就食时保持食物的温度。商周时期,羹是贵族的主要食物,而根据与饮食有关的文献记载,羹宜热食,用温鼎加热,可提升食物的口感。另外,"国之大事,在祀在戎"。在《周礼》中,凡天子饮食都有祭祀。《周礼·天官·冢宰》记载:"膳夫授祭，品尝食，王乃食。"祭祀中所陈的物品，多为饮食之物。所以祭祀活动同时又是重大的饮食活动。为表示对祖宗的敬畏，羹在祭祀时不加五味，祭祀后再加五味，待食用时的凉羹若不加热，难以下咽，添加五味加热后吃起来才更美味。而这件秦"修武府"温杯实则是温鼎在演变过程中，容器部分简化为耳杯，功能也应有温羹之用。

豉酱的出现，丰富了人们的饮食方式。我国自先秦至汉，制肉食主要有烹煮、炮烤两种方法，即《楚辞·招魂》所称："胹鳖炮羔。"胹又作洏、濡。《礼记·内则》中提道："欲濡肉，则释而煎之以醢。"也就是说，濡肉时要放进酱中烹煎。具体来说，包含两个步骤：第一步是先把肉煮到可食的程度，这时一般不加五味，接近现代的白肉；第二步是用白肉蘸取杯中的调味酱汁食用，接近于后来的涮食法。

与现代不同的是，当时习惯用较烫的调料，所以必须底下加热，这种制肉方法称为染食法。这件温杯，结合时代特点和形制来看，在当时也应有濡染肉食之用。西汉时，这种器型进一步发展，有了专门的染食器——染炉，考古出土的染炉以四神染炉居多。东汉以后，染器不见，染食法逐渐消亡，瀹食法承接而起，不断改进发展，形成了后世的涮食法。从某种层面上讲，染食法可以认为是涮食法的鼻祖，而用于染食的器具，则为现代小火锅的雏形。

这件温杯也是中国古代分餐制的见证物。史料记载，中国最迟在周朝时，就已经实行分餐制。在准备宴会之前，会在地上铺一块大的席子，称

"筵"。每个人坐的地方再放一块小的坐垫,叫作"席"。筵席上放俎案,俎案上放着盛放食物的器具,大家各自享受自己跟前的食物。《史记·孟尝君列传》中记载这样一则故事:战国四君子之一的孟尝君广招宾客,礼贤下士,平等地对待前来投奔的数千食客,无论其贵贱,都同自己吃一样的馔品,穿一样的衣裳。一天晚上,孟尝君宴请新来投奔的侠士,有人无意之中挡住了灯光,有侠士以为自己吃的饭与孟尝君不同,一时怒火中烧,以为孟尝君是个伪君子,起身就要离去。孟尝君赶紧端起自己的饭菜给侠士看,证明他所用的与其他人都是一样的食物。侠士愧容满面,当下拔出佩剑,自刎谢罪。这件温杯大小刚好够一人实用,炭火较小且底下有托盘,用来分餐而食较为合适。

民以食为天,"夫礼之时,始诸饮食",中国古代藏礼于器。小小一件温杯,既是秦统一六国的见证者,又是中国饮食文化演变史上重要的参与者,弥足珍贵。

(姚玲玲)

秦龙纽錞于

秦国重器 以龙作纽

龙钮錞于是迄今为止发现的唯一一件以龙作钮的錞于，器形硕大，纹饰精美，历史价值及考古价值极高，弥足珍贵。

在漫长的冷兵器时代，击鼓、吹角、鸣金等，都作为军乐器指挥着军队的进退。《淮南子·兵略训》："两军相当，鼓錞相望。"其中之"錞"，便是錞于。

该器顶部圈沿、无盘，肩与圈沿相连处有弦带一周，下缀三角形叶纹，外壁及顶部圈沿内的主体纹饰为四方连续的拼兑勾连云纹，单位纹样为云雷纹衬底的斜六边形，图案骨式为整饬而呈静态的几何形。口沿亦有弦带一周，上缀三角形叶纹与肩部叶纹相对。龙纽位于器顶突沿正中位置，尾部稍残，长15.6厘米，顾首、张口、瞪目，体呈"〜"形蜷曲，四爪两两相并，浮雕龙翼，阴塑龙鳞。此器经著名学者李学勤先生鉴定为秦国器

秦龙纽錞于

战国至秦(前475—前206)
通高69.6厘米,肩围111厘米,底围118厘米
1978年咸阳塔尔坡的秦建筑基址西南角出土

秦龙纽錞于局部

物,年代断定为战国中晚期以至秦代。

　　錞于,我国古代主要用于战争和祭祀的一种打击乐器,最早出现于春秋,盛行于战国两汉。山东、江苏、安徽、湖北、湖南、四川、陕西等地均有出土。錞于最早兴起于北方,其后逐渐向西传播,春秋晚期开始为西南地区的巴人所接受,被用于西南各族的战争、祭祀、诅盟活动之中。此外,巴人的虎纽錞于是出土数量最多的一类。全国仅此一件龙纽錞于,弥足珍贵。

　　"錞于"一名,最早见于东周典籍中,《周礼·地官·鼓人》记载"以金錞和鼓",郑玄注:"錞,錞于也。圜如碓头,大上小下,乐作鸣之,与鼓相和。"《国语·晋语》记载"是故伐备锺鼓,声其罪也;战以錞于、丁宁,儆其民也",韦昭注:"丁宁者,谓钲也。"根据相关记载,錞于为军用乐器,与鼓、钲等配合使用。到南北朝时期,据《北史·斛斯椿传》记载"乐有錞于者,近代绝无此器,或有自蜀得之,皆莫之识",即在北方地区,錞于已经十分罕见,一般人都不认识了。

在古代的诗词中也多有錞于的出现，如北周庾信《三月三日华林园马射赋》中的"玉律调钟，金錞节鼓"；唐元稹《代曲江老人百韵》中的"集灵撞玉磬，和鼓奏金錞"；清赵翼《观西洋乐器》诗中的"錞于丁且宁，磬折柎复击"；由于文献记载的语焉不详，导致后世的人们对錞于概念不清，多与钲、铎、铙等器物相互混淆。例如：唐代徐景安《乐书》认为錞于是"内悬子铃铜舌"的一种器物，此说为《太平御览》沿用；又如，明代王圻《三才图会》所绘錞于为口上顶下倒挂的形制。

关于錞于的分布区域，自宋代以来，在湖南南部、湖北西部、四川东部等地区曾多次发现錞于。北宋洪迈《容斋续笔》曾提到在长阳与慈利地区出土过錞于；《南齐书·祥瑞志》记有四川地区发现一件錞于。近代以来，随着考古工作的开展，又在多地发掘出土了大量的錞于，如湖南、湖北、四川、贵州、云南、陕西、安徽、江西、广东、广西及山东等地均有出土，分属古代齐、鲁、莒、许、蔡、吴、越、楚、巴、蜀等地民族

秦龙纽錞于局部

活动的区域。截至 2020 年，全国出土的錞于大约有 100 余件，年代最早的錞于出土于陕西韩城梁带村春秋芮国墓葬 M27，属春秋早期。1978 年，山东沂水刘家店子春秋墓出土一件錞于，圆弧形顶、无盘，顶部有绚索状环纽。2012 年，山东沂水县的纪王崮春秋墓出土两件錞于。在安徽宿县卢古城子、寿县蔡侯墓，江苏丹徒王家山、北山顶和广东连平彭山等地，都有春秋晚期的錞于出土。

1995 年，咸阳塔尔坡发掘了 380 多座秦墓，墓地出土物有巴蜀文化因素。李学勤先生在为该墓地发掘报告所写的序中又提到这件錞于，李先生认为这件錞于在形制、纹饰上与湖北、四川间的巴人地区都有所不同，可能是秦人在巴蜀文化影响下的制品。最突出的特点是虎纽变成了龙纽。秦国在征服六国的过程中，秦文化影响至六国，也从六国文化中吸取了许多精髓的东西，由此生产出这样融精巧与美观为一体的军中乐器。

龙是古文献中超自然力的神话动物，涵盖的范围很广。龙纹装饰在秦文化中具有普遍性和独特性，这与秦人的历史传说有着很大的关系。《史记·封禅书》曰："秦文公东猎汧渭之间，卜居之而吉。文公梦黄蛇自天下属地，其口止于鄜衍。文公问史敦，敦曰：'此上帝之徵，君其祠之。'"秦人多神崇拜的倾向十分明显，龙作为其中之一甚至被视为上帝、人君的象征，具有浓厚的世俗气息。随着秦的强大，龙崇拜在秦文化中占有越来越重要的地位。秦统治者以大量的龙纹装饰为手段，龙崇拜为形式，宣传君权神授的思想，从而达到神化其权力的目的。

历史上的錞于是如何使用的呢？云南晋宁石寨山出土的诅盟场面贮贝器上铸有大群滇人举行宗教仪式的场面，其中有两人合扛一木，下悬一錞于、一铜鼓，铜鼓侧悬，錞于则正吊于横木之上，旁有一人执桲并击之。这些表明，錞于属于打击乐器，靠击打发声。另据《北史·斛斯征传》记载"以芒筒拌之，其声极振"；《南史·齐始兴王鉴传》记载，用盛器置水于錞于之下。"以芒茎当心跪注錞于，以手振芒，则声如雷"。也就是说，通过錞于的纽或者盘上的孔，用绳将錞于悬挂在架子上使用。依据史料记载，錞于击打的发声"声震如雷""清响良久"，能很好地传递指挥信号。

这件龙纽錞于是迄今为止全国发现的唯一一件以龙作纽的錞于，器形硕大，纹饰精美，具有秦国标准器的特点，历史价值及考古价值极高，是一件不可多得的文物瑰宝。

（李　青）

秦诏书铭文铜权

权行天下 一统六国

> 一件小小的铜权,见证了秦始皇横扫六国、兼并天下的丰功伟绩。

我们常用一个成语叫"权衡利弊",那么何为权、衡呢?"衡"是我国古代用来确定物体重量的器具,也就是我们今天所说的秤杆或天平上的横梁;在古代与衡相配使用以调整自身重量或变动自身位置使被称物质的衡杆上定位的重物,称为"权",亦即我们今天所说的砝码或秤砣。在春秋中期,我国已经广泛使用杠杆衡器。

这件瓜棱形铜权制作精巧、造型别致,尤其是其表面阴刻的文字是对始皇颁布的诏书进行缩写,这种行文在全国属首次发现,特别引人注目。该权顶部有桥形纽,纽有孔可穿绳,平底内凹。权身外表分布着14道竖向凸起的瓜棱,棱间阴刻有篆书铭文。

秦诏书铭文铜权

秦（前221—前206）
通高3.4厘米，底径4.8厘米，重215克
出土地不详

此铜权外形保存基本完好，但其中5个相连的棱间表面因锈蚀而局部剥落，铭文已无法辨识。其余9个相连的棱间均契刻铭文，为字数不等、深浅不一的秦小篆，可辨识的计12字，按顺序依次为：廿六年、皇帝、天、下、大、立、曰（"皆"的残字）、明、之。

常见的秦权或秦诏版中，始皇二十六年（前221）诏书铭文均为："廿六年，皇帝尽并兼天下诸侯，黔首大安，立号为皇帝。乃诏丞相状、绾，法度量，则不一，歉疑者，皆明壹之。"那么这件铜权上的文字和秦诏版有何关系呢？我们从文字顺序和内容上完全可以看出，除有一些字被省略的现象外，铜权上的文字与秦诏版完全相符，且书体风格与其他秦诏权铭文近同。所以，该权当为秦代的铜权，其铭文应为秦诏版，该权正是对始皇二十六年（前221）诏书的一种缩写。

"秦诏版"即秦始皇统一度量衡的诏书。诏文的大意是：始皇二十六年（前221），秦始皇兼并了各国诸侯，统一了天下，百姓安居乐业，于是立称号为皇帝，并下诏书给丞相隗状、王绾，把全国混乱不清的法律、度量和各种制度都明确统一起来，按新的标准在全国执行。这一诏书，以皇帝的身份要求全国推行统一度量衡制度。发布统一度量衡的诏书是秦始皇首创的一种法律形式，即以皇帝的最高权威发布命令。他命令把自己亲自颁布的度量衡诏书铸刻在量、衡器上，或者刻在铜版上，然后再嵌在量、衡器上，作为使用凭证，发到全国各地，让人们都知道这是国家的标准器具，达到家喻户晓的目的。这一举措，对刚刚建立的统一中央集权制的封建帝国，有着积极的意义。

我们常听的一句俗语叫"半斤八两"，正来源于秦的衡制。关于秦一斤十六两的制定有一个传说。我们知道，统一度量衡的提议者和执行者是秦朝丞相李斯。李斯制定出衡制"铢""两""斤""钧""石"为单位的五权法，一石为四钧、一钧为三十斤、一斤为十六两、一两为廿四铢，由此确立了秦国的重量单位。由于秦制一斤为十六两，半斤即为八两，所以"半斤八两"即为重量相当的意思，流传至今。秦一斤为250克。汉承秦制，度量衡得以延续下来，直至隋代，隋文帝再次统一全国的衡制标准，将每斤标准提高到重693克。而后，唐至明清，衡制标准始终没有太大的变化，标准相对统一，为我国生产力的发展，促进华夏民族融合统一做出了重要贡献。

秦诏权使用地区极为广阔，中华人民共和国成立后分别在陕西、山东、山西、河北、江苏、辽宁、甘肃、吉林等地均有发现，这些权都刻有统一度量衡的诏书。可见，秦代统一度量衡规模之大，推行之广，速度之快。

此铜权实重215克，比公认的秦一斤250克稍轻，可能是因锈蚀剥落而重量有所减轻，从诏书看，此权当初应是秦一斤标准衡器。此权虽然体型不大，但却是秦统一度量衡的见证物，其所刻的小篆文字也是秦统一文字的实物。它不仅是秦完成统一大业的历史见证，更是研究古代衡制的珍贵资料，尤其对始皇诏书进行大量缩写的行文方式，在全国尚属首次发现，是一件极其难得的珍品。

（张延峰）

秦蟠螭纹铜镜

以铜为镜 可正衣冠

秦蟠螭纹铜镜规范化的形制、精美的装饰纹样，见证了铜镜从稚朴走向成熟的变化。

秦蟠螭纹铜镜，镜面为圆形，三弦纽，圆纽座，纽座外有一云雷纹带，再外为一周宽弦纹。内外区以一突弦纹为界，外区以细密的云雷纹衬地，主纹为缠绕式排列的蟠螭纹，蟠螭由宽平突起的单线条组成，素宽卷边。该镜镜体轻薄，制作规整，纹饰精美，为秦铜镜中的精品。

"以铜为镜，可以正衣冠"。出于整理仪容的生活需求，远古时期，古人就以水照面。随着合金技术的出现，以铜、锡、铅等合金铸造的铜镜应运而生。目前，国内考古发现最早的铜镜出土于甘肃广河县齐家坪遗址，距今已有4000多年的历史。中国铜镜的发展经历了萌芽、流行、鼎盛、中衰、繁荣、衰落等几个阶段，从流行程度、铸造技术、艺术风格和成就等几个

秦蟠螭纹铜镜

战国至秦（前475—前206）
直径15.8厘米，厚0.4厘米
咸阳市渭城区红旗公社（今正阳镇）出土

方面来看，战国、两汉、唐代是三个最重要的发展时期。铜镜形制大多为圆形或方形，其正面磨砺光亮，可清晰照面，背面中心铸纽以穿系，周边以铭文图案装饰，是中国古代青铜文化艺术中的瑰宝。

战国时期，青铜器的使用逐渐突破贵族礼乐的范围，扩大到社会生活的广泛领域，铜镜这类日常用器的数量迅速增加。古文献中就有许多战国时期人们使用铜镜的记载，《战国策·齐策》中邹忌讽齐王纳谏就是一个有趣的例子。邹忌早晨对着镜子整理衣冠，分别向妻、妾和客人询问，自己和城北徐公谁美？他们都说邹忌美。次日邹忌见过徐公后，又对镜观察，发现自己确实不如徐公美。于是邹忌反思妻子、妾、客人皆因各自的私心才认为他美。邹忌用悟出的道理来劝诫齐威王虚心纳谏。这个故事反映了铜镜在当时已经与人们生活密切相关，因为只有在铜镜普及的条件下，用它来作譬喻讲道理才显得生动形象，易于接受。

铜镜不仅是照面饰容的生活用具，同时也是制作精良的工艺品。春秋战国时期，因列国割据，铜镜工艺呈现出明显的地域特色。其中楚铜镜工艺繁复，图案多作双层处理，一般是在精细的纹上加各种主题浅浮雕。秦铜镜在吸取楚铜镜特点的同时，又将装饰和雕刻简约化、平面化，保留了自身朴素、简洁、重实用的特征。同时，这一时期的铜镜图样丰富，所涉猎的内容更为广泛，出现了许多极为经典的纹饰，蟠螭纹就是其中的代表。

何谓蟠螭？"蟠"为盘曲之意，"螭"在古代文献中有多种说法，《说文解字》中记载"无角曰螭"，意即无角之龙；《汉书·司马相如传》有

"于是蛟龙赤螭"之语,文颖的注解称"龙子为螭"(传说螭是龙生九子中的二子),张揖的注解则认为"赤螭"为雌龙。《左传·宣公三年》有"螭魅魍魉,莫能逢之"之载,有注解认为是兽形的山神。顾名思义,蟠螭纹中的"螭"应是龙属的一种,这种盘曲变形的龙纹一般作为主纹使用,常以张口、卷尾、盘曲的姿态示人,每只螭兽首尾相连,形成连续装饰带。蟠螭纹是春秋时期新创的纹样之一,其使用范围极广,在古代建筑以及青铜、玉、陶瓷等工艺品上经常出现,对后世纹饰风格也产生了深远的影响。

战国时期的铜镜铸造,奠定了中国古代铜镜发展的基本模式。战国铜镜能够取得快速发展,主要原因有两点:第一,工艺水平的整体提高,人们熟练掌握了错金银、镶嵌、镂空等工艺技法,铜镜精致轻巧的形态、绚丽多样的纹饰也得益于这一时期高超的工艺水平。第二,经过商周及春秋时期的探索发展,青铜冶铸技术愈发成熟,铜镜的合金比例已趋于科学和稳定,极大地提高了铜镜的实用效果。此外,在农业和手工业的带动下,各诸侯国的商业日渐发达,繁荣的贸易促进了铜镜文化的交流。在辽宁、内蒙古、四川、广东等地,都出土过不少与中原地区风格相同的铜镜。

咸阳是战国中期以后秦的都城,咸阳博物院收藏的秦文化铜镜多有明确的出土地,为战国铜镜的研究鉴别提供了有力的标尺。透过这件秦蟠螭纹铜镜,其规范化的形制、精美的装饰纹样,见证了此时铜镜已经从早期的稚朴走向成熟。

(刘 丹)

西汉鎏金鲁王虎符

调兵遣将 决胜千里

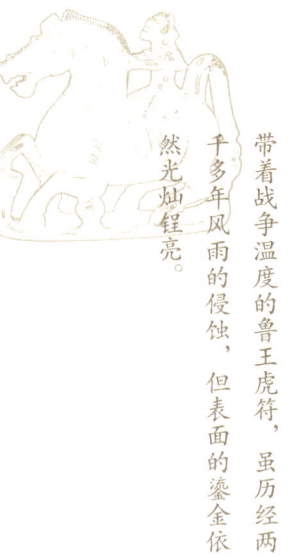

带着战争温度的鲁王虎符,虽历经两千多年风雨的侵蚀,但表面的鎏金依然光灿锃亮。

鎏金鲁王虎符,虎符呈伏虎状。通体鎏金,虎双目圆睁平视,嘴微张,目呈三角形,圆球形短尾。体态肥硕,乖训可爱。虎符的脊文由首至尾共7个字,字体皆为篆书半字,文为"汉与鲁王为虎符";肋文3字,"鲁左五"。鲁王虎符上的阴文凹槽凿刻较深,字体清晰可辨识。

在我国历史上,信陵君"窃符救赵"的故事,千百年来一直被誉为美谈。信陵君名无忌,战国四君子之一。公元前257年,秦国军队围攻赵国都城邯郸,赵平原君向魏信陵君求救。魏王令老将晋鄙率10万大军援赵,但是魏王又担心得罪强大的秦国,下令晋鄙驻军观望。情急之下,信陵君便请求宠妃如姬从魏王那里盗出了兵符。可是,晋鄙还是怀疑信陵君带来

西汉鎏金鲁王虎符

汉景帝二年（前155）
长5.6厘米，高2.35厘米，厚1厘米，为左半符
1983年咸阳原上的周陵乡南贺村出土

的命令是伪造的。"今吾拥十万之众,屯于境上,国之重任,今单车来代之,何如哉?"能够做 10 万大军统帅的将领,信陵君单车而来,根本不像魏王派来的。信陵君不得已,"四十斤铁椎,椎杀晋鄙",才调得 10 万大军,大破秦军,救了赵国。故事里的兵符,则为两半相合,方可调兵之符。

兵符,是古代帝王授予臣属兵权和调发军队的信物。用兵时,左半交给带兵的将帅,右半由中央朝廷保存。如要调兵,中央的右半和将帅手中的左半合符为验,方才有调兵之权。人们认为老虎是百兽之王,因此,军中多以虎为尊,将兵符铸成虎形,故称之为"虎符"。虎符是发兵之物,贵在谨慎严密,为了确保其安全性,所以一般制作得比较短小精巧,这样便于藏匿,不易因被人发现而夺走。

我国发现的秦虎符有 1973 年在西安郊区北沉村出土的杜虎符。虎符长 9.5 厘米,身刻铭文 9 行 40 字。从其铭文可知,杜虎符分为左右两半,"右在君,左在杜"(秦国杜县),用兵时,50 人以上,须出示虎符。如遇有烽火报警,不用合符,也可行动。现藏于法国巴黎陈氏手中的"新郪虎符",符长 8.8 厘米,这是战国晚期秦国颁发给驻守新郪将领的虎符。铭文 4 行,"甲兵之符,右在王,左在新郪。凡兴士被甲,用兵五十人以上,必会王符,乃敢行之"。该虎符应作于秦灭韩(前 230)至统一(前 220)的 10 年间。再就是"阳陵虎符",现藏于中国国家博物馆,出土于山东枣庄,制作于秦统一以后。这 3 件虎符,均为错金书,非常珍贵。

汉代兵符,上承秦制,亦有变通。秦虎符的铭文,刻于左右两侧,两

西汉鎏金鲁王虎符肋文脊文

侧文字相同,不用合符就可通读。汉虎符与秦虎符不同的是,基本为错银书。铭文单行刻于虎脊之上,骑于中缝,合符以验真伪。《史记·索引》古今注云:"铜虎符错银书之。"关于篆书起源,《说文解字·叙》:"秦始皇帝初兼天下,丞相李斯乃奏同之,罢其不与秦文合者。斯作《仓颉篇》,中车府令赵高作《爰历篇》,太史令胡毋敬作《博学篇》,皆取史籀《大篆》,或颇省改,所谓小篆也。"前人以为小篆是"始皇时李斯、赵高、胡毋敬所作也"。其实,小篆在战国末年已经形成。1979年出土的"杜虎符"就是秦始皇统一天下改称皇帝以前的兵符,上面的字体已是典型的小篆了;类似的虎符,还有"新郪虎符",也是秦统一前的文物,文字也为小篆。李斯他们最多是在秦国原有小篆的基础上,进行了整理而已。

依据《史记·索引》引文"右留京师,左与之"可知,"右在内而左在外"。这件左半虎符的主人应该就是西汉时期的某个鲁王无疑。那么,到底是哪位鲁王呢？我们据《史记·汉兴以来诸侯王年表》记载，汉惠帝七年（前188），楚来朝，初置鲁国，封故赵王敖之子高后外孙张偃为鲁王；文帝元年（前179），"诸吕之乱"即平，鲁国废为侯国，鲁王降为侯。景帝前元二年（前155），用晁错之计削吴楚，"分楚复置鲁国，封子刘余为鲁共王"。从汉景帝以后，经历了"七国之乱"，诸侯王的权力被进一步削弱，不能拥兵自重，但可以拥有封地称王，此制度大有利于国家的统一和巩固。从以上分析，我们认为，这件虎符应是汉景帝前元二年（前155）复置鲁国时，鲁共王刘余所拥有之物，是一件诸侯王的虎符。

虎形符，盛行于战国秦汉时期，经历了魏晋南北朝以及隋代，沿用不衰，其形状、材质、刻铭方式因时代有一些变化。自汉至隋之前，虎符均为铜质，铭文皆刻于虎脊之上，骑于中缝。隋唐时期，因避讳李渊祖父李虎之名，兵符形状才有改变，不再使用虎形符，改用鱼符、龙符、兔符、雀符、龟符。鱼符最初的功能是调兵遣将之信物，后来就演变成了官员的一种"身份证"。唐代的鱼符左、右符的中缝处刻有"同"字，与前朝不同之处在于，唐代的左符在朝廷，右符颁给地方军事长官，在合验时，"同"字必须合拢以后，方能执行命令。到了宋代参酌古今，制成兵符，饰有虎豹之纹，形若铜牌。岳飞回师的连续十二道加急金牌应该就是饰有虎豹纹的铜牌。南宋时曾一度又改回虎形符，但已非古制了。到了元代，则使用虎头牌。明清时期动物形状的兵符演变成了令牌，逐渐退出了历史舞台。在现代社会中，人们开具的介绍信在中缝盖章，使用者所持一份，即可证明身份;经济往来双方签约时格式相同的文书,称为"合同",各执一份作为凭证,这些都是受古人虎符、鱼符的刻字启发而来,并传用至今。

今天,当我们近距离欣赏这件深埋于咸阳原上厚重黄土之下的鲁王虎符,历史的过往清晰可见。鲁共王刘余虽为诸侯王,但却享受着君王一样的尊贵和荣耀。带着战争温度的鲁王虎符,虽历经两千多年风雨的侵蚀,但表面的鎏金依然光灿锃亮。这件设计精巧、做工精细、铭刻清晰的小小鲁王虎符,不但记录着大汉王朝的历史沧桑,同时也见证了大汉王朝的传奇辉煌。

(刘晓华)

西汉馆陶家四连铜鼎

公主重器 皇家风范

馆陶家四连铜鼎由造型相似、大小相同的四个鼎相连而成，设计匠心、造型独特，端庄大气，是古代铜鼎中的罕见珍品。

常见的鼎有三足的圆鼎和四足的方鼎，1981年咸阳博物馆征集到一件造型独特的馆陶家四连铜鼎。四连铜鼎由四个造型相似、大小相同的鼎腹相连而成。鼎各作敛口，子母唇，鼓腹，圜底，每个鼎体有一足，共四矮蹄足。其中两鼎有盖，两鼎盖佚失。盖为半圆形，上置三个环纽。纽端有端柱，仰置时可用作支撑。鼎腹外侧各置一环形附耳，另一侧有枢纽，可与盖相连。腹盖素面，腹上部饰弦纹一圈。

鼎盖和器身用枢轴连接，可以自由开合，也可防止器盖和器身脱离，类似于现代广泛使用的"合页"。"枢轴"技术最早可追溯到秦代，汉代已广泛应用，常见于熏炉、铜灯等小件器物上，用于器型相对较大的鼎类

西汉馆陶家四连铜鼎

西汉（前202—8）
通高各22厘米，口径各21.5厘米，腹径各27.5厘米
1981年征集

四连铜鼎铭文

器物上却是极少见的。

四连鼎中一鼎口沿下横刻铭文二十字："铜连鼎四合，容各三斗，并重九十三斤，馆陶家，霸田。"此铭文錾刻而成，是隶书味浓厚的汉篆。铭文虽短，但内容丰富，记载了器物的质地、名称、数量、容积、重量、主人、地名等，是汉代铜器铭文常见的一种格式。其中斗为容积单位，西汉一斗合今2000毫升。斤为重量单位，西汉一斤为16两。"铜连鼎"为器物名，"馆陶家"为器主人封号，"霸田"为地名，故我们称此鼎为"馆陶家四连铜鼎"。

汉代，"家"一般是公主、太子、诸侯王、列侯居处的称呼。西汉铜器上刻"家"字的甚多，如"阳信家""平阳家""敬武主家""博邑家""安成侯家"等。"家"字在文献中也有记载，如《汉书·卫青传》有卫青之父"以县吏给事侯家""青为侯家人"。

"馆陶"是个地名，位于现今的河北省邯郸市馆陶县，华北平原南部，河北南端偏东，与山东冠县隔河（卫运河）相望。它在春秋时属晋，在战国时属赵。馆陶之名是因城西北七里有陶丘，赵置馆于其侧而得。西汉平帝二年（公元2年）置馆陶县（属魏郡），距今已有2200多年的历史。

历史上有四位封号为馆陶的公主，皆是食邑封在馆陶县而得名。一是汉文帝长女刘嫖；二是汉宣帝刘询之女刘施；三是汉光武帝刘秀第三女刘红夫；四是唐高祖李渊十七女。而最为著名的是馆陶长公主——刘嫖。

从四连铜鼎的造型（马蹄形足、盖上的端柱环纽、环形附耳、腹上部一圈弦纹），铭文的字形、字体和风格来看，应为西汉初期至西汉中期早年的器物。对照文献，这个时期称"馆陶"的唯有文帝长女馆陶公主刘嫖。因此推断，此四连铜鼎就是馆陶公主刘嫖之器。

馆陶公主是汉文帝和窦皇后之嫡长女，汉景帝同母姐姐。汉文帝时封馆陶长公主，食邑所在地在馆陶。窦太后早年失明，馆陶公主陪在母亲身边，甚得母亲疼爱。馆陶公主身处皇室，颇有政治热情。弟弟刘启（汉景帝）即位后，她为讨好弟弟（景帝），常常向景帝进献美女，甚得景帝喜欢，升格为长公主，在皇帝的心目中地位随之提升。馆陶公主有女名阿娇，长得聪明伶俐，花容月貌。馆陶公主希望阿娇有朝一日能成为大汉的皇后，为了让刘彻尽快当上太子，馆陶公主从此在汉景帝面前一直夸赞刘彻，诋毁刘荣。最终太子刘荣被废，刘彻取而代之，陈阿娇成功地坐上皇后宝座，这些都与馆陶公主的游说和运作是分不开的。

这件器物四鼎连体，使用时，四个鼎加上四个盖，同时可放多种食物，既提高了使用效率，又丰富了食物种类和数量，既再现了雍容华贵的皇家公主的奢侈生活，又凸现主人不同寻常的身份地位，加之馆陶公主赋予它的历史内涵，使这件四连鼎价值非凡，珍贵无比。风云跌宕的西汉时代，已随着历史的尘埃滚滚而去，而匠心独运、造型独特的馆陶家四连鼎，仿佛还在述说着关于馆陶公主和"金屋藏娇"的历史故事，让我们去追寻那个充满神秘、浪漫、繁荣、辉煌的大汉王朝。

（罗红侠）

西汉阳朔四年铜锺

物勒工名 考核分明

铭文完整刻写了时间、生产机构、用途、容量、重量、督造者、主造者、造者、编号,对研究汉代物勒工名制度具有重要参考价值。

西汉阳朔四年铜锺是 1987 年甘肃庆阳农民在犁地时发现的,后送交咸阳博物院,该铜锺双环耳,高圈足,除九条弦带纹外,通体光素,肩部弦带与腹部弦带之间刻有铭文 48 字。此锺之所以叫阳朔四年铜锺,是因为其铭文开头四字为"阳朔四年",铜是其材质,锺指器型,通过汉代铜器自铭可知,汉代习惯将圆壶称作锺,方壶称作钫。

《说文解字》中,"锺"和"鐘"是两个不同的字,"锺,酒器也,从金重声;鐘,乐鐘也,从金童声",但汉代圆壶自铭中,"锺"和"鐘"经常混用,并不严格区分。今人依据《说文解字》,乐器用"鐘"字,酒器用"锺"字。

西汉阳朔四年铜锺

西汉阳朔四年（前21）
高36.3厘米，口径15厘米，底径18.5厘米，重5.7千克
1987年甘肃省庆阳市出土

铭文内容为："阳朔四年考工，考工为汤官造卅涑（鍊）铜锺，容五斗，重廿三斤，工敞、护章、佐谭、啬夫谭、掾彭祖主，右丞贺、令护省，外汤官，第卅九。"

阳朔是西汉成帝的年号，阳朔四年即公元前21年。考工为西汉中央工官名之一，隶属于九卿中的少府，常见的工官还有供工和寺工，此处第一个考工为动词，即考核工匠所作器物，第二个考工为名词，指工官。

汤官为汉代官名，《汉书·百官公卿表上·少府》："属官有尚书、符节、太医、太官、汤官……"颜师古注："太官主膳食，汤官主饼饵。"颜师古认为汤官主管汤饼，即面片汤，《后汉书》则认为汤官主管酒，壶一般用来盛酒，所以本人倾向此处汤官为主管酒的官。

卅湅即冶炼三十次，旨在说明制作此鐘所用的铜经过反复提炼，非常纯净，未必为实指。这个铜鐘的容积为五斗，重量为汉制二十三斤。具体制作的工人名叫敞。担任护工卒史的人名叫章，担任作府佐和作府啬夫的人名叫谭，担任掾的人名叫彭祖。

主，即主管的意思，也就是说这件鐘的制造，是由章、谭、彭祖几个人主管。担任右丞的人名叫贺，担任令的人名叫护。省，即考核之意，也就是说这件鐘的考核是由贺、护二人负责。外汤官的"外"当为宫外之意，汉代习惯将宫内称作内或中，宫外称作外。卅九是器物编号，指这是为宫外主管酒的机构制作的第三十九件铜鐘。

《吕氏春秋·孟冬纪》载："物勒工名，以考其诚，工有不当，必行其罪，以究其情。"可见在器物上刻写制作者的名字，最迟在战国时的秦国已经形成制度，在已出土的秦文物中，铜器、铁器、陶器、漆器等不同材质的器物上，都有不少物勒工名的现象。

秦物勒工名的内容包括时间、地点、生产机构、器名、用途、容量、重量、督造者、主造者、造者等，但并不是勒名时把上述所有内容都刻上，而是选择一部分，如铜兵器上只刻时间、地点、器名、督造者，或只刻督造者、主造者、造者；铜容器上只刻督造者和容量、重量；陶器上只刻地点、人名；铁器上甚至只刻地点。勒名的方式以刻铭为主，还包括烙印、戳印、漆书、墨书等。物勒工名的目的主要是明确责任，以便器物不合格时，快速找到责任者进行处罚。

物勒工名属于汉承秦制，并有所完善。汉代勒名内容比秦代多了数量和编号，形式主要有四种。两汉时期的物勒工名，大致经历了沿用秦制的西汉初期、正式形成的西汉前中期、繁荣稳定的西汉中后期至东汉前期、衰落的东汉中后期。

阳朔四年铜鐘，正是物勒工名制度繁荣稳定的西汉中后期制造的，铭文完整刻写了时间、生产机构、用途、容量、重量、督造者、主造者、造者、编号，铭文内容与之相近的汉代铜器还有很多，如永始三年（公元前14年）乘舆鼎、元延三年（公元前10年）乘舆鼎等。

这些汉代铜器以及一些漆器上所刻工名，一般都遵循职位由低到高或由高到低的顺序排列。阳朔四年铜鐘按职位由低到高排列，排在首位的是具体制作工人的名字，其次是主管官员的名字，最后是考核官员的名字。

物勒工名，只有做到这样详尽，才能起到职责划分明确，出现问题可追溯的功用。

（李春强）

汉代温酒炉

大汉古韵 温酒遗珍

这件青铜汉代温酒炉由炭火炉和温酒小锅两部分组成，构思巧妙，造型独特，在汉代温酒炉中首屈一指。

1980年4月1日，咸阳吴家堡一位农民交献了一件青铜温酒炉，由炭火炉（底部）和温酒小锅（上部）两部分组成。因温锅的一鸟爪形滑槽残损，一直存放在文物库房。2007年为了更好地保护和利用文物，使文物活起来，咸阳博物院将其送到陕西省文物保护中心进行精心修复，使文物最大限度地恢复了原来的面貌。

修复后的温酒炉，其炭火炉呈圆角长方形，下有四个兽面形小蹄足。前部三分之二的炉壁较低，设置放温酒小锅的轨道。后部三分之一的炉壁稍高，防止因火苗外射而发生意外火灾。炉底有对称的几何型镂空，可向下弹出炭灰。小温锅敞口，平沿外折，浅腹圜底；口沿下有对称的飞鸟衔

汉代温酒炉

汉(前202—220)

修复后,通长17.0厘米,通宽17.5厘米,高12.8厘米,重1.864千克

1980年4月1日,咸阳吴家堡农民交献

环，飞鸟的冠、眼刻画清晰，两爪做成滑槽形置炉壁上。整体造型生动，形象美观。

"温酒器"顾名思义就是用来加热温酒的器皿。我国的饮酒器早在商周时期就有，如斝、盉、爵、角、鐎斗等，大多都兼有盛酒、饮酒之功能，但当时还没有专门用来温酒的器具。汉代的酒器趋于多样化，种类丰富，也出现了专门的温酒器，温酒炉就是典型代表。

这件温酒炉，虽然装饰简素，但在造型和功能的设计制作上却颇具匠心，上部是温酒锅，下面是炭火炉，既能上下分开，又能合体使用，外观浑然，功能协调，使造型、装饰与功能非常巧妙地结合起来。以人为中心，中庸，适度，成为温酒器设计制作的理念和精神坐标。

"滑轨技术"现在已广泛应用于生产、生活中，如推拉门、推拉窗等。西汉时期，人们就能熟练地应用这项技术，真是让人惊叹不已。用炉壁做轨道，温酒小锅的鸟爪形滑槽成倒U型置于炉壁上，既放取便捷，方便添加燃料，又能使温锅来回在炭火炉上滑动，寻找最佳受热点，这在我国各地已发现的温酒炉中是极其罕见的。

古人不仅喜欢喝酒，而且喜欢把酒温热了再喝。我们知道，现代酿酒工艺采用的是蒸馏方式，剔除了有害物质。古代酿酒工艺采用的是过滤方式，酒里掺杂不少有害物质（如甲醛），喝温热后的酒，不仅不伤脾胃，还可以把有害物质挥发出来，起到保健的作用，喝起来也更加绵甜可口，让人体会到"温酒浇枯肠，戢戢生小诗"的意境。

温酒与煮茶一样,既是中国古代饮食文化的组成部分,也是文人墨客的一种雅致生活。在寒冷的冬日温上一壶热酒,与兴趣相投的朋友围炉夜话,实乃人生之一乐事。唐代诗人白居易的五言律诗:"绿蚁新醅酒,红泥小火炉。晚来天欲雪,能饮一杯无?"就是对这种情景的生动描写。"冻笔新诗懒写,寒炉美酒时温。醉看墨花月白,恍疑雪满前村。"火炉上的美酒时常是温热的,醉意蒙胧中,忽然觉得眼前出现了被白雪铺满的月下村庄,真是"酒不醉人人自醉"啊!"夤夜围炉温酒暖,诗书半卷远尘喧。柴扉不挡琼花路,为有梅香满小园。"这随暖酒喝下的既是温情和诗意,也是人生的真味。家喻户晓的"青梅煮酒论英雄""关羽温酒斩华雄"的故事,更让我们领略了酒助热肠的英雄风采。

当历史的烟云散尽,诗人的吟唱远去,构思奇妙、典雅优美的汉代温酒炉,仿佛让我们穿越到那个到处有酒香、随处见英雄的年代。

(罗红侠)

西汉卧羊铜灯

金羊载耀 既孝且祥

> 卧羊铜灯不仅构思精巧，造型优美，更是汉代民族文化精神观念的物化载体。

"一点分明值万金，开时惟怕冷风侵。主人若也勤挑拨，敢向尊前不尽心。"这是唐代诗人李昪的《咏灯》。灯，伴随着人类文明发展的脚步，一路从远古走来。灯下，红袖添香、挑灯夜读、缝衣纺线、为文作画……从古至今，灯与人们的生活息息相关。

这件西汉铜羊灯，呈卧姿，前腿部微残，昂首，羊角下卷，颌下胡须下垂至前胸。身躯肥圆，体腔内空，用来储放灯油。羊的背部和身躯分为两部分，羊首后部装有活纽，臀上装小提纽，使得羊背可以向上掀开，成为一椭圆形的灯盘，平放在羊头上。灯盘设有小流嘴，以便放置灯捻，熄灯时，灯盘内剩余灯油可顺小流嘴倒入羊腹腔内，灯盘扣回羊背上，恢复

西汉卧羊铜灯

西汉（前202—8）
长13厘米，高10厘米

为卧羊状。形态自然，设计精巧，比例协调，稳重古朴。

中国灯具大致起源于春秋晚期至战国早期，源自于豆。根据目前考古出土灯具资料来看，战国时期，铜灯就已从神化的祭祀用品变成了生活的日用品，在具备照明的基本功能之后，为了满足统治者的审美需求，造型装饰逐步走向繁复精美。战国晚期，王公贵族已把灯具视为重要的案头实用工艺品，造型也日趋考究华丽。及至秦汉时期，青铜灯具数量和造型日益丰富，其中尤以动物形灯和豆形灯的出土数量较多，选材多取自与人类日常生活息息相关的形象，是生活实用与艺术审美的结合。

羊，自古便与文化息息相关。将羊的纹饰与造型运用于青铜器，早在商周时期就已出现。如现藏于国家博物馆的四羊方尊和上海博物馆的四羊首瓿等，造型精美，给人以威严、神圣之感。战国以后，羊的造型与纹饰已趋于生活化、简单化，给人以灵动、活泼之感。两汉时期，随着儒家思想的盛行，羊的造型与品格更是被赋予了新的含义。董仲舒认为："羊有角而不任，设备而不用，类好仁者；执之不鸣，杀之不谛，类死义者；羔食于母，必跪而受之，类知礼者；故羊之为言犹祥与。"赋予了羊知仁、知义、知礼的人格化品质，集各种美德于一身，是仁人君子学习的榜样。具体而论，羊文化所蕴含的如下两个特征最为古人所重视。

首先，羊在我国古代被视为吉祥的象征。《墨子·明鬼下》云："有恐后世子孙不能敬莙以取羊。"这里的"羊"字就是"祥"的意思。西汉大儒董仲舒云："羊，祥也，故吉礼用之。"《说文解字》说："羊，祥也。"正式将"羊"与"祥"联系在了一起。在成语和许多民间艺术中，也多以羊代表吉祥，如"三阳开泰"，《易经》以正月为泰卦，三阳生于下。冬去春至，阴消阳长，有吉祥之象。故以"三阳开泰"或"三阳交泰"为岁首吉祥之语。而"羊"在古代与"阳"通用，因此也作"三羊开泰"，吐鲁番出土的南北朝织物中的"三羊开泰"，就是三只羊的图案。清代以来，"三羊开泰"吉祥图案多绣于荷包、抹胸、褡裢等衣物和佩饰之上。另外，在民间艺术中，一些传统建筑装饰也不乏用羊的造型来象征吉祥。

其次，羊是古代"孝"道的符号之一。《春秋繁露》曰："羔饮其母，必跪，类知礼者。"原意为羔羊似乎懂得母亲的艰辛，所以总是跪着吮奶以示感恩。也许羔羊跪乳是一种自然属性，但在"以己度物"的原始思维的作用下，人们自然地将之视为知报母情的表现，赋予了这一自然属性以道德含义。谯周《法训》："羊有跪乳之礼，鸡有识时之候，雁有庠序之仪，人取法焉。""羊"被人们尊崇为奉行孝道美德的标志代代相传。至今在陕西宝鸡一带的民间传说中，还有"跪羊求乳"的故事。

随着汉代灯具的盛行、汉人对羊文化的推崇加之青铜铸造工艺的发展，动物形铜灯不再仅仅是一件照明用具，其所赋予的形象也是人类对美的一种享受。静观此灯，不仅构思精巧，造型优美，更是汉代民族文化精神观念的物化载体，蕴含了深厚的文化内涵，寄予着汉人追求吉祥与幸福的心理，以及对美好生活的向往。

（吴晓璇）

汉鎏金铜熊、赤金熊

乖巧可爱 辟邪驱魔

熊之所以受到人们的喜爱，成为造型文物的重要主题，是因为熊威武有神力，能辟邪驱魔，是祥瑞之物。

这三件以熊为造型的汉代文物，即鎏金铜熊（一对）和赤金熊，它们虽质地不同，但制作精美，造型生动、传神，乖巧可爱，令人叹为观止，惊喜不已。

鎏金铜熊，熊通体鎏金，头部较长，双目圆睁。张口前突，两耳竖立。两熊左右相对，熊面部阴刻数道短线以象征鬃毛，单腿跪立，一前肢上举，另一前肢抚于腿部，胸前有一对突起的乳房。头部后面有缺口，并附一根插钉，应为器物附件。该熊通体肥硕，质地精良，造型生动逼真，稚拙可爱，具有较高的艺术价值。

赤金熊，质地以金叶片合制而成。熊面部及身体局部涂有红色，腹部

汉鎏金铜熊

汉（前202—220）
宽4.9厘米，高7厘米，厚5厘米
咸阳市渭城区渭城镇龚家湾一号汉墓出土

及背部各镶有一枚蓝色嵌珠。熊双耳耷拉，鼻孔清晰可见，张嘴露齿。通体饰有连珠花纹，背部有残缺。造型简约，耐人玩味。

  以熊为造型或为纹饰图案的器物，早在商周时期就有发现，秦汉时期已屡见不鲜了，如铜器、玉器、陶器、漆器、金银器等。汉代由于社会经济飞跃发展，器物造型艺术也发生了巨大的变化。造型艺术冲破了周代以来传统礼制观念束缚，开始从拘束、严谨的装饰意味，逐步走向生动活泼的写实风格。这些以熊为造型的文物正是这一变化的具体体现。

　　熊是祥瑞的动物。《穆天子传》中有："春山百兽所聚也，爰有赤熊罴，瑞兽也。"罴是熊的一种，即棕熊，也称马熊、人熊，毛发为棕黄或赤棕色。熊有时还可隐喻男子，《诗经·小雅·斯干》中有："维熊维罴，男子之祥。"后世也常以"熊梦""熊罴之祥"等比喻得子的征兆。四川彭山汉代崖墓中发现的突显雄性器官的熊形象，也许就是希望繁衍子孙心理的体现。先秦时期，熊就以"神力"被人类敬仰畏惧。在汉代，熊也象征着威武，由于熊在古代为珍贵罕见的动物，因此常带有礼仪性的等级身份象征，汉代的熊、鹿常用以标志公侯等级，所以汉代公卿、列侯出行都乘坐有熊轼的车。汉代，斗熊也成为一种勇士的游戏，成为彰显男子力量与勇敢的运动，许多上流社会成员也亲自参加。史书记载，汉武帝"能手格熊罴"，汉广陵王刘胥是个斗熊好手。《西京杂记》记载："广陵王胥有勇力，常于别囿学格熊。后遂能空手搏之，莫不绝脰。""绝脰"一词的意思就是折断脖子，这位勇士不仅能够徒手与熊搏斗，而且居然能把黑熊的脖子折断，这简直是天生神力，称其为"大力士"也不为过。汉武帝茂陵霍去病墓前的"人与熊"石刻也形象地描述了斗熊的场景。

　　熊还与许多神话传说故事有关，是这些故事中的主角之一。《史记·五帝本纪》曰："黄帝号有熊，教熊罴貔六兽习战，与炎帝战于阪泉之野。"从这段记载中我们可以看到，黄帝在与炎帝的战争中，黄帝的军队，除了四方鬼神之外,还有罴、熊、貔、貅、虎等野兽参战。可见熊在上古时期的战争中就已被派上用场,发挥了很大的作用。

我国北方地区一些少数民族非常崇拜熊,认为熊是非常神圣的动物,带有图腾崇拜的某种遗迹,甚至民间还流传着很多关于熊是人的祖先的传说。汉代由于与少数民族的交往日益增多,在文化习俗方面也受其影响,更加深了人们对熊这个祥瑞之兽的喜好。

熊的祥瑞还表现在它有辟邪驱魔作用,主要是因为它力大无穷,具有极强的守卫及攻击能力。熊的除恶辟邪功能,从文献中对"方相氏施法时蒙熊皮"的记载可以看出,"方相氏:掌蒙熊皮、黄金四目、玄衣朱裳、执戈扬盾,帅百隶而时难,以索室驱疫。大丧,先柩;及墓,入圹,以戈击四隅,驱方良。"蒙熊皮或扮熊的习俗或许也和大禹之父鲧死后化为黄熊的传说有关。汉代沿用了这一仪式,《后汉书·礼仪志》有相似的记载:"方相氏黄金四目,蒙熊皮,玄衣朱裳,执戈扬盾,十二兽有衣毛角;中黄门行之,冗从仆射将之,以逐恶鬼于禁中",可见古人驱鬼降魔都要扮成熊的模样,活灵活现,"逐恶鬼于禁中",真是把熊的祥瑞含义发展到了极致。只是到了汉代以后,这种作用逐渐弱化,这从汉代以后出土的与熊造型相关的文物越来越少,就能充分说明这一点。

这几件以熊为题材的文物,质地精良,造型生动传神。熊在古代不仅是威武的象征,也是辟邪驱魔的神物,千百年来,深受人们的推崇和喜爱。

(刘晓东)

新莽铭文铜量
王莽改制 新设度量

新莽铭文铜量是王莽改元后颁发至全国的标准量器，器形规整，刻铭清晰，纪年明确，为我们研究度量衡量制提供了丰富的实物资料。

　　度量衡是日常生活中用于计量物体长短、容积、轻重的标准尺度，最早见于《尚书》。《尚书·虞书·舜典》记载："协时月正日，同律度量衡。"根据《汉书·律历志》的记载，我们可知度量衡中的"度"起于黄钟之长，指的是计量物体长度的标准；"量"起于黄钟之龠，指的是计量物体容积的标准；"衡"源于黄钟之重，指的是称量物体重量的标准。从以上文献的记载可知，黄钟之律是我国最古老的度量衡的起源，因此，黄钟之器也应该是我国最古老的度量衡的标准原器，并以六律之首的黄钟律来考证其制度。

　　初始元年（公元8年），中国政治史上一位特殊的人物——王莽，开启了他非同寻常的政治生涯。这一年，西汉王朝宣告结束，王莽由"假皇帝"变为"真天子"，自立为帝，改国号为"新"。第二年改年号为"始建国"，也就是在这一年，王莽开始实行统一度量衡的制度，制造标准的度量衡器颁行天下令"万国永遵"。

这件新莽铭文铜量，器形宛若圆勺，在柄的正、背面都有铭文。正面铭文1行，共32字，为"律量龠，方寸而圜其外，庣旁九毫，冥百六十二分，深五分，积八百一十分，容如黄钟"。背面铭文为篆书"始建国元年正月癸酉朔日制"12字。

度量衡起源于黄钟之律，且以黄钟律来考证其制度，那它们到底是如何联系在一起的呢？古时乐律分为宫、商、角、徵、羽五声，及黄钟、大吕、太簇、夹钟、姑洗、中吕、蕤宾、林钟、夷则、南吕、无射、应钟十二律。"黄钟"为第一律，黄钟律管的长度是九寸，也是当时国家的法定标准，黄钟之后每一律的长度尺寸都有所不同。汉代及新莽时期，随着我国封建制度的逐步健全，度量衡制度也逐步完善，以黄钟之律及累黍谷物，在这一时期建立起了一套进位合理的度量衡制度，即五度（分、寸、尺、丈、引）、五量（龠、合、升、斗、斛）、五权（铢、两、斤、钧、石），这套制度不仅影响着当时社会，也影响后世中国近两千年。以度量衡中的"量"为例，《汉书》记载："量者，……本起于黄钟之龠，用度数审其容，以子谷秬黍中者千有二百实其龠，以井水准其概。合龠为合，十合为升，十升为斗，十斗为斛，而五量嘉矣。"意思是测量容积的工具有龠、合、升、

新莽铭文铜量

始建国元年（公元9年）
长13厘米，高1.3厘米，口径3.7厘米
1970年咸阳市渭城区底张镇布里村出土

新莽铭文铜量柄

新莽铭文铜量柄上的铭文

斗、斛，它们本来起源于黄钟的竹管，用黄钟长度的数字来确定它能容纳多少，用谷子黑黍一千二百颗来装满竹管，用井水来让它平整，一黄钟竹管的数量就是一龠，两龠为合，十合是一升，十升是一斗，十斗就是一斛，这样五种量器就完善了。

《汉书》记载："汉兴，北平侯张苍首律历事，孝武帝时乐官考正。至元始中，王莽秉政，欲耀名誉，徵天下通知钟律者百余人，使羲和刘歆等典领条奏，言之最详。故删其伪辞，取正义，著于篇。"意思是在汉平帝元始年间（公元1年—公元5年），王莽征召了天下通晓钟律的百余人，对当时的天文、历法、钟律、度量衡等进行了详尽的综合整理，并命刘歆等人主持领导，分条上奏。这次全面系统的整理度量衡，对后世影响深远。

当时刘歆还下令，将全国各地的黍都集中起来，把它们分成大、中、小三种，分别测量它们的长度、容积和重量，最终将某个品种中等大小的黍定为统一的标准。这种黍的一粒的长度相当于一分，90粒黍的长度便是一个黄钟律管的长度，即90分，约等于今天的20厘米；而1200粒黍正好可以装满一个黄钟律管，在天平上称出与这1200颗黍相平衡的水，将称出的水倒进容器，容器里的水容量就是1龠的容量，约是今天的10毫升。刘向《说苑·辨物》中讲到"十六黍为一豆，六豆为一铢"，则一铢为96颗黍，而这1200粒黍的重量相当于12.5铢，一铢约是现在的0.65克，则这一龠就约是现在的8克左右，于是便巧妙地将律管、黍与度量衡三者联系起来。这件新莽铜量"深五分"，大概就是现在的1.11厘米，容积为一龠，也就是 10 毫升，经过测量发现它的容量为 9.3 毫升，两者也是非常相近的。

  王莽当政时期，对国家社会采取了一系列的变革措施，他在始建国元年（公元 9 年），在全国颁布且发行了一系列度量衡标准器，他想让自己建立的新朝能够江山永固、社稷长存，想让自己颁布的度量衡也能够一直流传。虽然最终的改革以失败宣告结束，但其在统一度量衡上的开创性举措，对后世产生了很大影响。这件新莽铭文铜量的发现，为我们研究新莽时期的量器及度量衡量制提供了珍贵的实物资料。

（刘倩怡）

东汉长宜子孙铜镜

多子多福 繁衍生息

东汉长宜子孙铜镜，属汉代吉语铜镜中子孙繁昌类，体现了当时多子多福的社会观念。

这面东汉长宜子孙铜镜，圆形，镜面微凸，半球形纽，柿蒂纹纽座，纽座间铭刻"长宜子孙"四字，纽座外为一圈弦纹，弦纹外为一圈栉齿纹，栉齿纹外宽带纹，宽带纹外内向连弧纹，连弧纹外又是一圈栉齿纹，栉齿纹外主纹饰区由四枚乳钉分为四区，每区有两只神兽和一个羽人，八只神兽可识者为青龙、白虎、朱雀、玄武四神，主纹饰区外又是一圈栉齿纹，栉齿纹外宽带纹，宽带纹与窄素缘之间为五条环绕的龙纹。

汉代铜镜绝大多数为圆镜，亦有极少数的大方镜，如齐王墓和海昏侯墓所出。西汉早期的铜镜，在形制和纹饰上，对战国镜既有承袭又有创新，此时铜镜小而薄，多桥形纽，纹饰构图以四乳钉分为四区，代表作有四乳

东汉长宜子孙铜镜

东汉(25—220)

直径21厘米

四弧纹镜、四乳草叶纹镜等。西汉中后期，尤其到汉武帝在位前后，废弃战国镜底纹加主纹的方法，只用主纹，此时铜镜逐渐变大变厚，多半球形纽，纽座多样化，出现柿蒂纹、联珠纹等纽座，纹饰构图以四乳钉分为四区得到广泛运用，多采用单线勾勒的手法，铭文逐渐成为镜背主体装饰，代表作有四乳禽兽纹镜、四乳星云纹镜、日光铭文镜和昭明铭文镜等，博局纹镜渐多。西汉晚期至东汉早期的铜镜构图满而不乱，纹饰越来越丰富，铸工精细，汉镜的精品多出于此期，代表作有四神博局纹镜、六乳禽兽纹镜等。东汉中晚期，北方战乱，南方相对稳定，南方铜镜主要以画像镜为主，数量较多，至三国吴时达到鼎盛，北方铜镜基本延续西汉中期以后的造型，纹饰主要为变形四叶纹、夔凤纹、内区连弧纹。此时的铜镜，镜面微凸，并且打破了一直以来以镜纽为中心的旋转式构图，改为上下分层或左右轴对称布局，比较有代表性的有北方的君宜官位双夔纹镜、位至三公双凤纹镜和南方的神人神兽画像镜、神人车马画像镜等。

这面东汉长宜子孙铜镜的纹饰，与其他长宜子孙铜镜有明显不同，如梧州市博物馆所藏东汉长宜子孙连弧纹铜镜、浙江省博物馆所藏东汉长宜子孙连弧纹镜、济源博物馆所藏东汉长宜子孙铜镜、三门峡博物馆所藏汉代长宜子孙八连弧云雷纹镜、三峡博物馆所藏汉长宜子孙连弧纹铜镜，它们的镜背装饰都基本相同，主纹饰为内区连弧纹和水涡纹，最大特点为素宽缘，广西壮族自治区博物馆所藏东汉长宜子孙铜镜稍有不同，将柿蒂纹变为石榴纹并放大，但素宽缘的特征没有改变。咸阳博物院所藏东汉长宜子孙铜镜的边缘龙纹，与皖西博物馆所藏东汉长宜子孙铭博局纹镜的边缘纹饰相似，镜背主纹饰也相似，皆为八只神兽，可见咸阳博物院所藏东汉长宜子孙铜镜，处于长宜子孙镜的主纹饰由神兽纹向内区连弧纹过渡时期，具有承前启后的重要参考价值。

长宜子孙连弧纹铜镜，主要流行于东汉中期到晚期，是汉代吉语铜镜中的一种，常见的汉代吉语铜镜可分为相思类、长寿类、富贵类、平安喜乐类、子孙繁昌类、官位高升类和风调雨顺国泰民安类。常见的吉语有长毋相忘、延年益寿、千秋万岁、富贵昌、日有喜、安乐未央、子孙繁昌、君宜高官、位至三公等。长宜子孙铜镜，属于吉语铜镜中子孙繁昌类，祈愿子孙繁昌的铜镜吉语还有很多，如长保二亲利孙子、以之为镜宜孙子、宜孙保子兮得所欲、七子九孙各有喜、男封侯女王妇、子孙满室、多孙子、五男四女凡九子、男为公侯女为主等。

繁衍生息是家族和国家繁荣昌盛的基础，长宜子孙的祈愿体现了汉代人渴望子孙众多且都能富贵喜乐，这和西周以降的多子多福观念一脉相承。《诗经》中有大量歌颂多子多福的诗句，最有代表性的是《螽斯》篇。多子多福在生产力不发达的古代，不仅是一种文化，更是政治和经济需求，国家要富强，家族要兴旺，需要足够的劳动力，所以政府也鼓励多生。汉代长宜子孙的祈愿，不仅被铭刻在铜镜上，陶文、砖文、石刻、漆器、印文等亦有，可见多子多福的观念，在汉代有多么深入人心。

（李春强）

隋四神铭文镜

传承创新 简洁大方

隋四神铭文镜制作精良，铭文工整清晰，布局简洁大方，是隋代铜镜的典型代表。

当我们游览于各大博物馆之间，徜徉在中国古代铜镜的历史长河中，会发现有两座高峰赫然耸立——汉与唐，细细品味这两个时代的铜镜，能够发现它们之间有很大的不同，但似乎又有着千丝万缕的联系。这两座高峰吸引了太多关注的目光，以至于处在汉唐之间的低谷时期少有人问津，高峰固然耀眼，但低谷时期的暗潮涌动同样别具魅力。

这面隋四神铭文镜，圆形，圆纽，兽形纽座。座外大双线方格，四角与Ｖ形纹相对，Ｖ形纹中有兽头纹。方格四边外及Ｖ形纹分割的四区内分置青龙、白虎、朱雀、玄武四神。四神周围用云纹等补空。其外两周锯齿纹带，外区铭文为楷书："仙山竝照，智水齐名，花朝艳采，月夜流明，

隋四神铭文镜

隋(581—618)

直径20.3厘米

龙盘五瑞，鸾舞双情，传闻仁寿，始验销兵。""兵"字与"仙"字之间有一圆点，表示首尾句断句。边缘为锯齿纹和连续鳞状纹。

镜中铭文为隋及初唐镜常见铭文，其中"仙山竝照，智水齐名"反映了祈求神仙、驱鬼辟邪的思想，充满了道教色彩；"花朝艳采，月夜流明"是对铜镜质地的夸耀；"龙盘五瑞，鸾舞双情"则是对铜镜纹饰的生动描写；"传闻仁寿，始验销兵"体现了隋唐铜镜中常见的用典现象，其中"仁寿"常被认为是隋文帝仁寿年号，但只要仔细品读这些铭句就会发现"仁寿"往往与"名声""长久"等祥瑞之意共同出现，如"一登仁寿，于万斯年""长悬仁寿，天子万春"等，因此这一说法未免流于表面，"仁寿"一词除了是隋文帝杨坚的年号之外，亦是隋文帝给自己建的一座避暑离宫。隋文帝时国家统一、天下太平。结合铭文全句，应是隋唐人希望长享"仁寿"内在所蕴含的统一、太平的生活。唐代诗人陈陶有诗云"常忧刀斧劫，窃慕仁寿乡"，亦说明"仁寿"在唐人心目中的特殊地位。

四神纹体现着古代人们的地理观念，代表着中国传统文化中的四个方位，分别是东方青龙、西方白虎、南方朱雀、北方玄武，是我国古代人们文化心态的典型代表。同时，此种四神图案也象征着当时人们祈求阴阳调和、四时平安、四方平安的希望。四神的纹饰在铜镜上的出现大约始于王莽时期，这一时期祥瑞和政治的关系日趋密切，祥瑞思想成为帝王、圣贤的诞生和夺取政权建立朝代必不可少的宣传工具。此后，以四神为题材的镜背纹饰开始兴盛并延续到了隋至初唐。

纵观中国铜镜发展史，由于隋国祚太短，百废待兴，故较多地延续了前朝铜镜纹饰因素。东汉末年以后特别是魏晋南北朝时期，各类铜镜虽然有细微的变化，但总的看来呈规范化和样板化。隋和初唐时，依然能看到这种影响的存在。如圆形镜形，布局拘束严谨，分区配置花纹，"规矩配置"和纽外大方格，柿蒂纹或连珠纹纽座，主题纹饰以灵异瑞兽为主，铭文带及善颂善祷的铭文内容等，都是汉代以来铜镜中经常出现的传统因素。

但隋毕竟"一扫六合"，使分裂了数百年的国家重归一统，民族面貌焕然一新，社会安定、经济繁荣、对外文化交流频繁，促进了经济的发展，使铜镜铸造技术和工艺水平发展到了一个新的高度。通过这面铜镜，我们已可略窥这种变化的端倪。首先，兽形纽座代替了汉晋以来流行的柿蒂纹或连珠纹纽座形式，后来在盛唐时期的海兽葡萄镜中得到了继承和进一步发展；其次，四神纹饰虽然与汉晋属于同一题材，但装饰手法已明显不同，汉晋时期四神纹形象类似线刻较为死板，隋代的四神一洗汉式拘谨板滞之态而作流畅华丽之姿，采取了浮雕的展现形式更加生动；最后，汉晋以来铜镜布局较为烦琐，镜面划分多个纹饰带，但隋代铜镜已经开始改变这种情况，以主体纹饰和一条铭文带为主，使得镜面布局更加简洁大方。

在中国铜镜发展史中，隋代虽是短暂的，但却是异常重要的时代。它上承两汉，扭转了魏晋南北朝时期铜镜发展的衰退趋势，在铜镜中融入本朝的时代特色，拉开了中国铜镜史上另一段辉煌的序幕。

（张金丹）

唐『三乐镜』
自由活泼 意趣盎然

"三乐镜"构图严谨,线条流畅,人物造型生动,是儒家文化与道家文化融合所产生的实物例证。

隋唐时期,随着经济文化的空前繁荣,铜镜的发展迎来一个新的高峰。唐代铜镜的纹饰图案中融入了更多文化元素,最具代表的包括瑞兽葡萄镜、人物故事镜等。这件铭文葵花镜就是一个典型的人物故事镜。镜背左边宽袖长袍,一手执杖,一手指向前方,似在发问的人是孔子;右边身着裘服,左手抚琴的人是荣启奇(期);镜纽的上方有竖排铭文,写着:"荣启奇问曰答孔夫子",纽下方有一棵树,故事取材于《列子·天瑞》中孔子与荣启期的故事,原文如下:

孔子游于太山,见荣启期行乎郕之野,鹿裘带索,鼓琴而歌。孔子问曰:"先生所以乐,何也?"对曰:"吾乐甚多。天生万物,唯人为贵;

唐"三乐镜"

唐（618—907）
直径约12.7厘米
咸阳市双照镇征集

而吾得为人，是一乐也。男女之别，男尊女卑，故以男为贵；吾既得为男矣，是二乐也。人生有不见日月、不免襁褓者，吾既已行年九十矣，是三乐也。贫者士之常也，死者人之终也，处常得终，当何忧哉？"孔子曰："善乎！能自宽者也。"

故事讲述了孔子游览泰山时与荣启期老人的对话，荣启期认为："以人为贵，我为人，此为一乐。男尊女卑，我为男，此为二乐。生命无常，我能长寿，此为三乐。贫穷是读书人的普遍状况，死亡是人的最终归宿，我以不变的姿态等待终结，还有何忧愁？"

这个题材刻画在铜镜上又被称为"三乐镜"。镜中提到两个重要人物，一位是孔子，儒学的创始人，春秋末期创立儒家学说，主张以仁为核心、克己复礼、为政以德等，在继承"周礼"的基础上形成一个完整的思想体系。另一位是荣启期，春秋时期一位博学多才、精通音律的隐士，有着安贫乐终、"不以物喜、不以己悲"的处世态度，代表着道法自然、天人合一、致虚守静、无为而治的道家思想。

荣启期作为一个隐士，其"三乐"反映的是他飘逸出世的思想。而儒家讲究入世，也曾提出"三乐"，孟子曰："君子有三乐，而王天下不与存焉。父母俱存，兄弟无故，一乐也；仰不愧于天，俯不怍于人，二乐也；得天下英才而教育之，三乐也。"孟子认为父母健在，兄弟平安为一乐；上不愧于天，下不愧于人为第二乐；得到天下优秀的人才进行教育为第三乐。人生三乐是什么，每个人都有自己的想法。入世或是出世，每个人都有不同的选择。儒家的核心是"仁",道家的核心是"自然",每个思想流派都沉积着前人的思考与追求,而每个人也有自己的思想和领悟。

春秋战国时,特殊的社会背景下各思想流派之间争芳斗艳,百家争鸣,因此才有了"荣启期问日答孔子"的故事。到了唐代,政治、军事强盛,经济上的繁荣以及文化开放包容,出现了举世瞩目的"盛世大唐"。从唐镜上刻画的此故事,我们既能看出道家思想对当时社会的影响,也侧面反映了儒家文化与道家思想的交流和碰撞。唐朝李氏家族自称是老子(本名李耳)之后。前有唐高祖在终南山建太和宫祭祀老子,唐高宗追尊老子为太上玄元皇帝;后有玄宗、代宗大力提倡道教,使道家思想在唐代的地位达到顶峰。唐代以儒家思想为主导,同时渗透了道教和佛教,形成"三教合一"的文化现象,"三乐镜"便是这一时期文化融合的具体反映。

这件"三乐镜"以历史故事为素材,将人物从画面中独立出来,犹似一幅简洁的画作,突破了铜镜对称、重复的传统,使图案更加自由活泼,意趣盎然,为我国源远流长的青铜艺术文化留下浓墨重彩的一笔。虽然现如今铜镜已不再是人们生活的必需品,但我们依然可以通过这件1300余年前的"三乐镜"仰望先祖的才华,品味历史的悠长。

(肖　珂)

唐錾花金执壶

盛世金华 旷世情怀

> 錾花金执壶就是唐代包容、开放、文化自信的实物例证。

　　隋唐时期，是中国金银器发展的黄金时代。从内容题材、形制构图，到审美风格、文化特征等都有着独特的魅力。匠心独运，正是唐代工匠们在金银器制作与装饰过程中所表现出的一种旷世情怀。

　　錾花金执壶材质为纯金，直口，圆肩，鼓腹，短流，如意状曲柄。纽颈有活动链与柄相连，链与柄相接处有龟形铆钉，既严密牢固又转动自如，小龟引颈抬头，憨态可掬，口衔金丝扭成的链；链的另一端与伞形壶盖相连，上有一个莲苞状纽。在纽的周围錾刻覆莲瓣两周，下饰四朵花瓣，中间饰鱼子地蔓草纹，盖唇部饰流波纹。金壶的柄呈字母"S"形弯曲，外侧錾刻有鱼子纹组成的双线菱形图案，基部饰海棠纹。壶身肩部至底部花

唐錾花金执壶

唐（618—907）
通高21.3厘米，口径6.6厘米，底径6.6厘米，重296克
1969年咸阳市西北医疗器械厂的唐墓中出土

唐錾花金执壶局部

纹可分为四个区,前三个区域内图案自上而下依次为缠枝莲纹、鸳鸯间以蔓草、卷云纹,其中,第二区和第三区以连珠纹为分界线,最下方为四方连续的仰莲瓣图案。

  精巧灵活的壶链,反转弯曲的柄,使得这件金壶秀丽纤巧,富于变化,魅力十足。该壶上的连珠纹、缠枝蔓草纹、莲瓣纹则属于舶来品,是沿丝绸之路从西亚、中亚传入我国的,具有典型的异域风格。植物花纹和动物图案在这件金壶的制作上得到了充分运用,凝聚着人们对幸福生活的期盼和健康长寿的追求，蕴含着丰富的文化内涵。唐代植物纹饰丰富多样，其中蔓草、牡丹、莲花、宝相花、菊花、葡萄、石榴最为常见，它们可作为主要纹样，也可以成为附属花边。莲花纹多与佛教有关，古语"莲出淤泥而不染"，而莲蓬有"连生贵子"的寓意，向来极受文人雅士之喜爱。缠枝纹，伴随着佛教艺术出现在中国，在南北朝时期就已十分成熟并且流行。缠枝纹所表现的"缠枝"，常常以常青藤、葡萄等藤蔓植物为素材与莲花相结合，因其结构连绵不断，所以有"生生不息"的美好寓意。鸳鸯则长

唐錾花金执壶壶身局部

期被人们视作爱情的象征，汉代就将其比喻夫妻。司马相如《凤求凰》中记载："有艳淑女在闺房，室迩人遐毒我肠。何缘交颈为鸳鸯，胡颉颃兮共翱翔！"三国时期更将鸳鸯比喻为志同道合的兄弟。魏曹植《释思赋》："况同生之义绝，重背亲而为疏。乐鸳鸯之同池，羡比翼之共林。"南朝时饰物上就开始有鸳鸯图案。梁简文帝《和徐录事见内人作卧具》："衣裁合欢褶，文作鸳鸯连。"鸳鸯一雄一雌，它不但寄寓着人们对美好爱情和生活的赞美，也象征着相思相爱的情意。除了表达情爱与渴望子孙延绵以外，长寿也是人们自古以来的追求，金壶上的乌龟形象便是取其长寿之意。

  人类很早就以采集的天然黄金来装饰自己，以显示其地位和财富。金、银作为稀有贵重金属，因其特殊的光泽、稳定的性能、极佳的延展性，多用于日常生活用器、宗教用具、装饰品等。随着汉代"丝绸之路"的开通，到了唐代，金银锤叠成型后錾刻精美的图案而制作成的食器和酒具广为流传。加之与外来多元文化的交融，使唐代的金银器更显雍容华贵。唐代金银器的制作工艺精细复杂、水准高，多使用锤击、浇铸、焊接、切削、抛光、铆接、镂空、錾刻等工艺。其中錾刻工艺十分复杂，工具就有几百种之多。简单来说，就是利用金属的延展性，用小锤敲击各种大小、纹理不同的金属錾子，在金属表面留下錾痕，形成各种不同的纹理，组成肌理及线条、浮雕或凹雕等，实现精致并且复杂的图案效果。这件金壶的制作工艺就是将单元图案设计成稿，锤叠錾刻之后整体拼接，最后打磨完成。这种具有独特装饰效果的工艺，使单一的金属表面产生多层次、变幻的立体效果，既光彩绮丽，又非常和谐。

这件源于中国传统"注子"造型的金执壶造型生动，工艺精湛，纹饰华丽，作为皇室贵族使用的酒器，它不仅映射出了贵族们生活的奢华，而且反映了当时国力的昌盛以及社会的开放包容，既凝结着工匠们奇巧构思的智慧，又高度体现了大唐盛世人们的审美情趣。

（谢军美）

第四章 钱币钱范

通商贸繁荣 承盛世气象

历史也是一部货币史,货币制度是人类文明不断前进的重要推动力。先进的货币思想成就了国家的繁荣、富庶和强大,奠定了雄秦盛汉的辉煌显赫。这两个重要朝代的币制改革,对后世治国理政产生了积极的影响,成为中华文明的重要组成内容。

战国陈爰金币

稀有货币 王贵馈赠

陈爰金币是楚国稀有货币,多用于王室赏赐和贵族之间的相互馈赠,在我国货币史上占有特殊的地位。

战国时期,各国铸币的形态、尺寸、钱文、重量差异较大。三晋地区的韩、赵、魏使用布币,齐国使用刀币,秦、东周,以及赵、魏使用方孔圜钱或圆孔圜钱,楚国使用仿贝壳形的蚁鼻钱。这一时期,黄金的流通仅限于上层社会,而且只在国与国之间的礼聘、游说诸侯、国王赠赏、大宗交易时才使用。使用时,根据需要将金版或金饼切割成零星小块,然后通过特定的等臂天平,称量使用。东汉之前,盛行黄金货币,其在交易中发挥了极大作用。东汉之后,白银产量增多,并逐渐成为一种重要的支付手段,形式为银饼或银锭,直至清末银元产生。因此,陈爰金币在古代货币中,有着极重要的历史文化价值。

154

战国陈爰金币

战国（前475—前221）
1972年咸阳市渭城区窑店乡路家坡村出土

咸阳博物院现珍藏有7枚楚国陈爰金币，是1972年春天在咸阳市以东约15千米的渭城区窑店乡路家坡村由一位村民在田间劳作时发现。这7枚金币的含金量都在96%以上，纯度高，色泽黄亮。金币按形状分为1枚圆形、5枚铲形和1枚瓦形，内侧均有阴文"陈爰"二字的印记。印记排列不太规整，有的字迹比较清晰，有的模糊不清，个别的只能看到字的一半或一角，还有交错叠压的现象。

关于"陈爰金币"的得名，"陈"是地名，早在公元前689年，楚国建都于"郢"，位于湖北省荆州市荆州区纪南城，后几经迁移，公元前278年，秦将白起破"郢"，致使楚迁至"陈"地，也就是今天的河南省淮阳市。"爰"则为货币的重量单位，一爰相当于15克重。这7枚金币应该就是楚国迁都于陈时所铸的。

关于"陈爰"二字的钤印，其正面文字是在金版未冷却之际，由铸工手持在上边的。这种铜印在山东费县也有出土。因为在铸造时易于钤印的时间有限，铸工们必须快速完成，以至于"陈爰"印记不甚规整，有正有斜，有多有少，甚至出现半印和重叠的现象。陈爰金版铸造年代一般认为是在战国晚期。

截至目前考古发现，陈爰金币在湖南、湖北、安徽、河南和江苏等省都有出土，原因在于战国时期，楚国盛产黄金，并被当时的楚国贵族所垄断，加之楚国地大物博，繁华富庶，与邻国贸易频繁，金币自然就成为跨国贸易的财贷支付手段。巨额支付时无需切割，小额支付则依靠切割称量。

咸阳远离当时的楚国境内,陈爰金币为何流入秦国,在秦遗址范围内出土?目前是有两种说法的:一种认为是秦楚战争的战利品。公元前278年,秦大良造白起带兵长驱直进攻破郢都,迫使楚迁都于陈,自此之后至公元前223年,在秦将王翦灭楚的这些年间,秦对楚发动的大规模战争就有4次之多,在战争中对财富的掠夺更是不可避免的;另一种则认为,秦灭六国后,陈爰金币是楚国贵族或富豪们带来的。公元前221年,秦统一全国,为了防止各国旧贵族豪富东山再起,聚众叛乱,便于当年"徙天下豪富于咸阳十二万户",楚国的豪富们当然也不能例外。

风云跌宕的战国时代已经远离我们而去,但陈爰金币作为我国早期的黄金铸币非常稀有,在货币史上占有特殊的地位,这些具有鲜明地域特色的贵金属货币,在向我们展示楚国历史文化一角的同时,也带给了我们无限的遐思和追忆……

(杨 帆)

秦『半两』

方圆一体 开山之铸

> 外圆内方的货币形制代表了当时最先进的铸币思想。

咸阳博物院收藏秦"半两"钱币数千枚，均出土于秦咸阳遗址区。总体形状是外圆内方，背面磨平，正面有阳文"半两"二字，字迹古朴、苍劲有力。半两钱始铸于战国时的秦国，秦始皇统一六国后下令"车同轨，书同文，统一度量衡，统一货币"，至此，我国历史上圆形方孔的货币——秦"半两"，以法定的形式第一次被推行到了全国境内流通使用。

货币与人们的生活密不可分。原始社会末期，人们用牲畜、皮革、谷物、农具等进行实物交换，后来又有了海贝和仿农具的刀币、布币等不同造型的仿形铸币，直到战国晚期的秦国确立了圆形方孔的货币外形，且一直沿用到了清晚期。货币经历了2000多年的发展历程，逐渐形成

秦"半两"

战国至秦（前475—前206）
面径2.9~3.7厘米
秦咸阳遗址区出土

了我国绚丽多彩的货币文化。

秦统一后，以统一前在作为诸侯国的秦国境内已推行的圆形方孔半两钱为基准，进一步标准化，在重量和形制上对六国货币首次予以统一，对我国货币的发展史产生了深远的影响。文献记载，秦献公七年（前378）"初行为市"，开始铸钱。商鞅变法之前，秦国的钱币是一两圜钱和半圜钱，钱为圆形圆孔，仿周制环钱。秦孝公十二年（前350）迁都咸阳后，商鞅继续实行变法，废井田，开阡陌，书同文，统一币制，才改为"半两"。秦惠文王二年（前336），国家进一步整顿半两钱制，开始统一铸币，规定圆形方孔"半两"钱为国家统一货币，这在秦的发展史上有重要意义。

战国时期的半两钱，标准程度不高，大小不统一，外形不圆，内孔不方，厚薄不均，表面不平整，字形隐起，书体不规则，直径较大，钱体厚重，边缘铸口茬多不经打磨，比较粗糙。

秦始皇统一六国后，统一货币是一项重要措施。秦法明确规定全国货币分为两等：黄金为上币，以溢为单位；圆形方孔钱为下币，以半两为单位。秦始皇时的半两钱为十二铢，重如其文。半两钱的铸造权归中央所有，禁止民间私铸。由于吸收了六国的先进铸铜技术，外形较圆，内孔较方，比较规整，钱文与秦诏版小篆字体相似。

秦始皇去世后，秦二世即位，颁布"复行钱"，这是秦朝再一次颁布币制及发行半两钱。

西汉初年，半两钱不适应低水平的社会经济，于是，在汉刘邦元年至五年间（前206—前202）颁布"更令民铸钱"的法令中，将秦时法重的半两钱减重至三铢上下，面文仍为"半两"，时称"荚钱"。后来，中央政府又几经整顿改铸，有八铢半两、五分钱、大半两、四铢半两、郭半两、铁半两、特大型（镇库大钱或开炉大钱）。直至汉元狩五年（前118）停铸半两钱改铸新钱，面文改为"五铢"两个字。

圆形是秦"半两"的一个特征。战国晚期，各种货币都有了圆形化的趋势，如刀币就有了圆首。圆足刀这种圆形化的货币外形用圆滑的弧线替代了尖锐的棱角，避免刺伤皮肤，划破衣服，适应了人们生活的需要。

直至今日圆形硬币仍在使用，可见圆形是人们在长期生活实践中发现的最佳铸币外形。

方孔是秦半两的又一特征。钱币上刻孔是为穿绳携带方便而设，所以也叫"穿"。孔有圆方之分，秦半两用方孔取代圆孔，是工匠制作钱币方便的需要。把一百个或更多的钱穿系在一根木棍上修锉，方孔比圆孔要稳定得多，不致来回转动，这样不仅提高了打磨钱币的效率又使钱币大小均等，美观规整，方孔的使用正是秦工匠智慧的体现。

秦圆形方孔半两钱易于修形，便于携带，代表了当时最先进的铸币思想。这种圆形方孔的货币形制基本上贯穿了秦之后的所有朝代，在使用时间上没有其他民族或国家的钱币能与之媲美，是世界货币发展史上的一大奇观。

"半两"两个字标明了秦朝货币的重量，秦半两钱重十二铢（中国古代规定一两为二十四铢），是我国记重钱币的开始，也是币面上唯一的装饰。它将古代文字的书写艺术巧妙地与货币铸造融合在了一起，是中国书法之美的体现。与西亚及欧洲国家用图画装饰钱币不同，中国以线构形的汉字注定了我国用文字装饰钱币的独特风格。

秦圆形方孔半两钱不仅长期影响我国古代的币制文化，也对日本、朝鲜、越南等东亚及东南亚许多周边国家的币制文化影响深远，在世界货币发展史上功不可没。

（马茉莉）

西汉马蹄金、麟趾金

奉诏浇铸 黄金封赏

由官方浇铸诏命制作的马蹄金和麟趾金，代表着祥瑞，反映了汉武帝对升仙的向往。

陕西省咸阳市渭城区长陵路附近有一自然村名为毛王沟村。1968年，当地村民在村东平整土地时发现马蹄金一枚；1978年又在村北台面耕地上发现马蹄金和麟趾金各两枚，这些马蹄金和麟趾金现均藏于咸阳博物院。

这两次发现的五枚马蹄金与麟趾金色泽黄亮，纯度较高，含金量高达98%。马蹄金因形似马蹄状而得名，三枚马蹄金底部均为椭圆形稍内凹，四壁向上环形收分，近中心处有一大蹄窝，侧旁有一小蹄窝。编号为①的马蹄金底阴刻铭文"两二十朱"。

两枚麟趾金呈蹄状，中心空洞，底部稍凹，近似半圆形，前侧向上收分成弧壁，形成大蹄窝，大蹄窝下有一小蹄窝。第一枚麟趾金阴刻铭文"斤

西汉马蹄金

西汉（前202—8）

编号为：①号的马蹄金长径5.1厘米，短径4.5厘米，高2.7厘米，重267克
②号的马蹄金长径5.4厘米，短径5.0厘米，高2.9厘米，重256克
③号的马蹄金长径5.3厘米，短径5.0厘米，高2.9厘米，重270克
咸阳市渭城区长陵路毛王沟村出土

两二十三朱"；第二枚麟趾金阴刻铭文"十五两十朱"。

马蹄金和麟趾金是奉汉武帝诏书由官方浇铸的，其测定重量的基准器是国家级标准砝码，其精准度单位可以到铢。

马蹄金原名为"褭蹏金"，与麟趾金并不作为流通货币，主要用于帝王收藏、赏赐。根据《汉书·武帝纪》的记载，太始二年（前95）三月，诏曰："'有司议曰，往者朕郊见上帝，西登陇首，获白麟以馈宗庙，渥洼水出天马，泰山见黄金，宜改故名。今更黄金为麟趾、褭蹏以协瑞焉。'因以班赐诸侯王。"这段记载了：汉武帝自称在郊外看见了天神，登陇山祭祀时曾喜获白麟，在渥洼水中得到了天马，在巡游泰山的途中，又在山顶上看见了黄金，汉武帝认为这些皆是祥瑞之兆，于是诏命制作了褭蹏金、麟趾金赏赐给诸侯王。

汉武帝是否能看到天神，我们不可得知，但《汉书·武帝纪》中确实记载了汉武帝于元狩元年（前122）"行幸雍，祠五畤，获白麟"；元鼎四年（前113）"秋，马生渥洼水中"。汉武帝还为了这白麟与天马作了《白麟之歌》《天马》这两首歌。

唐代颜师古注："既云宜改故名，又曰更黄金为麟趾褭蹏，是则旧金虽以斤两为名，而官有常形制，亦由今时吉字金挺之类矣。武帝欲表祥瑞，故改铸为麟足褭蹏之形，以易旧法耳。"原先金币也有其他形制的，武帝为了表示祥瑞，特意依照马蹄、麟趾的样子制作了这些稀有的金币。马蹄金与麟趾金铸成以后，被汉武帝用来赏赐诸侯王。

①

②

西汉麟趾金

西汉（前202—8）

编号为：①号的麟趾金长7厘米，宽4.8厘米，高3.6厘米，重284克
②号的麟趾金长6.8厘米，宽5.2厘米，高3.3厘米，重244克
咸阳市渭城区长陵路毛王沟村村北出土

目前，现存的马蹄金与麟趾金除了咸阳博物院收藏的这五枚外，在西安鱼化寨汉上林苑旧址、江苏盱眙南窑庄西汉窖藏中也曾有发现。此外，山东长清县双乳山济北王刘宽墓、江西省南昌市海昏侯刘贺墓等墓葬中也发掘出土有西汉马蹄金与麟趾金。按时间推断，海昏侯墓中的马蹄金和麟趾金极有可能得自其父昌邑哀王刘髆。这些墓葬出土的马蹄金与麟趾金也印证了汉武帝"因以班赐诸侯王"的史实。作为汉武帝御赐金币，马蹄金与麟趾金无疑是权利、身份和地位的象征，权贵们死后便将其作为陪葬品带入墓中。

从发掘情况可以看出，一些保存较好的马蹄金和麟趾金开口处镶嵌有琉璃片，例如海昏侯刘贺墓中出土的马蹄金与麟趾金就用掐丝工艺做出精致的花边，并镶嵌了在当时极为贵重的琉璃薄片。如此造型精美、寓意吉祥的马蹄金与麟趾金为什么要赏赐给诸侯王呢？

目前有两种说法，一种认为：汉武帝一生开疆拓土，加强集权，独尊儒术，改革币制，开辟丝绸之路，建立许多丰功伟绩。但到了晚年，他仍逃不过对于死亡的恐惧，崇信方术，渴望长生不老。或许汉武帝是受到黄帝升天时带走七十多名后宫妃嫔及大臣这一传说的启发，于是大发慷慨之心，将马蹄金与麟趾金"班赐诸侯王"。这一行为蕴含着武帝对升仙的企盼，也暗示着武帝给诸侯王们许诺，带领他们一起升仙。

另一种说法更符合汉武帝作为出色的帝王和政治家的处事风格。汉武帝在位期间，他颁布"推恩令"，以施恩惠为名，削弱诸侯王的势力。推恩令实行以后，分封的诸侯国果然逐步被削弱，再无力与朝廷抗衡。不仅如此，汉武帝还采取了"酎金夺爵"的措施。汉朝的制度规定，每年在长安祭祀高祖庙的时候，诸侯王和列侯除了进献酎酒，还要根据各自封国人口的数量进献黄金助祭。如果发现黄金的分量或成色不足，就要受到处罚，致使不少诸侯王削县，列侯免国。元鼎五年（前112），汉武帝以诸侯王所献助祭的"酎金"成色不好或斤两不足为借口夺爵，被夺爵者达106人。汉武帝借着"推恩令"和"酎金夺爵"削弱和打击了各地诸侯王及列侯的势力，进一步加强了中央集权。在这种情况之下，为了缓和与各地诸侯王及列侯的紧张关系，营造和谐的政治氛围，汉武帝就以祥瑞为名铸造了马蹄金和麟趾金，赏赐给当朝的王侯。

两汉时期，由于汉朝廷每年开采黄金产量较大，所以皇帝在赏赐黄金方面显得极为慷慨，加之汉代金银加工工艺的高速发展，形成中国古代的一个高峰期。马蹄金和麟趾金这些汉代珍品，无疑是过往历史的见证物，也是研究汉代物质文化史十分珍贵的实物资料。

（肖　珂）

西汉五铢钱铜范

钱文秀美 经久耐用

> 汉武帝时期首创的"五铢钱",改变了货币的混乱现象,促进了中央集权制的建立和经济的发展。

西汉五铢钱范青铜材质,带柄,主体呈圆角长方形,铜范中部为主浇铸槽,两侧各整齐地排列反书"五铢"。每侧钱型七枚,共计十四枚,钱型和主槽有支槽相连,钱文清晰可辨,背面有"V"形穿孔,錾刻数字"三"记号,应为钱范顺序编号,从钱范整体工艺和钱文风格判断应为西汉武帝时期铜范。

汉武帝刘彻是中国历史上杰出的政治家,内强皇权,外服四夷。在政治上,接受主父偃的建议,施行推恩令,大大削弱郡国的封地,增强了中央实力。在思想上,接受董仲舒的建议,罢黜百家,独尊儒术,把儒家学说立为正统思想,影响中国两千多年。在经济上,废除郡国铸币,收归中

西汉五铢钱铜范

西汉（前202—8）
总长28厘米，宽8厘米，重1.26千克

央铸币权，确立五铢钱的货币制度。特别是在货币制度上的改革，大大加强了西汉中央集权，实现了经济大繁荣，军事大发展，最终成就了强大的西汉帝国。

汉武帝刘彻元狩五年（前118）进行第四次币制改革，废三铢钱，始铸五铢钱。《汉书·食货志》载："有司言三铢钱轻，轻钱易作奸诈，乃更请郡国铸五铢钱。"由于中央政府和郡国共铸，俗称"郡国五铢"。

武帝元鼎二年至三年（前115—前114），汉武帝实行第五次币制改革，"而公卿令京师铸官赤仄，一当五，赋官用非赤仄不得行"。因此赤仄五铢也称钟官五铢，赤仄五铢仅使用两年便废除，发行时间短暂，学术界对赤仄五铢的认定尚缺乏统一标准。

武帝元鼎四年（前113），彻底废除郡国铸币权，由中央统一铸币，设上林三官，即钟官、技巧、六厩，专铸五铢钱，俗称三官五铢或上林五铢。《史记·平准书》载："悉禁郡国无铸钱，专令上林三官铸。"

经过六次币制改革，汉武帝最终确立了五铢钱作为中央法定货币。五铢钱沿用方孔圆钱的基本型制，钱文篆书右"五"左"铢"，重五铢（铢，古代计重单位）。五铢钱钱文秀美，型制规整，重量适中。在西汉、东汉、蜀、魏、晋、南北朝、隋均有铸造。《旧唐书·食货志上》载："武德四年七月，废五铢钱，行开元通宝钱。"五铢钱流行长达七百余年，被誉为中国古代钱币中的"长寿钱"，是我国历史上铸行时间最长、铸造数量最多、版别丰富的一种铜钱。

此件五铢钱铜范，范面留有黑色烟炱。有学者认为铜范表面的黑色烟炱，应为铸币时使用的脱范剂经高温碳化留下的痕迹。

铜范钱模穿孔上方有一横槽，则铸币为钱面穿上带横五铢。关于五铢钱穿上带横，还有一段传说，武帝元鼎四年（前113）得鼎于汾阳，迎鼎至甘泉，有司曰："闻昔泰帝兴神鼎一，一者壹统，天地万物所系终也。"因此武帝统一铸币时，又在钱穿上加一横画，即代表皇帝高高在上，又代表天下铸币权的一统。从考古资料来看，元鼎四年（前113）之前就出现了穿上带横五铢钱，即郡国五铢时期就有大量此类标记。

铜范在西汉武帝以后大量用于铸造五铢钱，是当时政治、经济和技术发展的必然结果。

首先，相对稳定的政治环境大大促进了经济的发展，社会对货币的需求日益增加。

其次，面对汉初混乱的货币局面，政府和民间都希望货币标准化。

再次，经过长期的石范、陶范铸币实践，人们发现石范和陶范难以满足货币生产标准化的要求，而此时铜范铸币工艺经过战国、秦、西汉早期的发展已渐成熟，遂逐渐转用铜范铸币。

最后，铜范虽然自身成本很高，但却经久耐用，便于携带和运输，为当地铸范异地使用提供了可能。如陕西澄城坡头铸钱遗址，发现41件西汉五铢铜范，却没有发现生产铜范使用的陶阳模（铜范母）。又如西安鄠邑区兆伦村大型铸钱遗址，出土五铢铜范较少，五铢陶阳模（铜范母）却较多。西汉时期，很有可能中央铸币部门生产出铜范以后运至其他铸币工场再行铸造，异地铸造不仅起到生产技术保密的作用，而且还能防止盗铸。

假如时光逆流两千一百年，汤汤渭水河岸，咸阳古渡口，熙熙攘攘舟来舟往，来自沣河、苍龙河、蚰蜒河的漕运船满载西汉帝国的五铢钱顺河而下输往各郡县，满载燃料、铜料的外来船只逆流而上送往隐秘的铸币工场，正是这不舍昼夜的渭水，才造就了西汉帝国数以亿计的铜币。《汉书·食货志》载："自孝武元狩五年，三官初铸五铢钱，至平帝元始中，成钱二百八十亿万余。"

咸阳这块西汉京畿之地，不知还藏有多少秘密的铸币工场，还埋藏着多少西汉帝国的秘密。

（陈有路）

陶瓷

煅时代审美　传巧计神思

第五章

从古朴的灰陶质地的秦砖汉瓦到美轮美奂的清代彩瓷，从西汉早期杨家湾的彩绘陶俑到盛唐时期绚丽的唐三彩，中国人用自己的智慧从无到有，从粗疏到精致，从朴素到华美，走过了一条多彩的陶瓷之路，记录了文明进步的历程。

秦水神骑凤纹空心砖

朴实古拙 以农为本

水神骑凤纹空心砖砖面图案罕见，内涵丰富，是秦人通过建筑艺术表达自己思想的实物例证。

　　秦砖在历史上久负盛名，因其胎质细腻，质地坚硬，与瓦当一起享有"秦砖汉瓦"之美誉。咸阳地区在考古调查和发掘中出土了大批空心砖，纹饰有几何纹、龙纹、凤纹及龙凤纹，其中有一件残损的水神骑凤纹空心砖，因其图案罕见，内涵丰富，刻画细腻而备受瞩目。

　　这件水神骑凤纹空心砖砖面主体图案为一凤头、凤颈，其间还有人的头胸局部及一臂。凤作侧面状，头顶有冠，凤首高昂，目圆睁，口衔一珠。凤身羽毛呈"人"字形，浓疏有致，颈部以两组双弧线为界格，内部装饰有连珠纹，凤身中间有一圆璧，璧内饰有圆圈纹。圆璧之上立一人面鸟身的神像，头戴山形冠，硕大的耳朵旁有一条弯曲的小蛇穿过，手臂弯曲，手有二指形似兽爪，抓着凤的颈部。在凤的左侧有另一只凤的残尾羽。整个砖面纹饰由细线阴刻而成，线条流畅，布局巧妙。

嬴秦族以鸟为图腾，相关祖先来源的神话以及出土的器物中，多有凤鸟崇拜的印记，在雍城遗址中发现有凤鸟纹贴面砖、凤纹瓦当、凤鸟衔环熏炉，而在咸阳宫遗址中和这件水神骑凤纹空心砖一起出土的还有卷凤纹空心砖、双龙绕三凤纹空心砖和龙凤纹空心砖。从造型和刻画手法来看，这件空心砖上的凤纹具有明显的时代特征。除凤眼沿用了商周玉器和青铜器上的圆形阴刻线眼外，整体形象从商周时期夔凤纹的夸张、繁缛向写实、简约化发展。细颈、伸向脑后的长飘带状冠是战国后期至秦汉时期凤鸟纹的典型特征，短而紧闭的喙开始变长并呈张开状态，而口中衔珠的造型在同一时期的凤鸟纹器物中十分少见。

人面鸟身，耳边饰蛇神怪图案的器物目前发现极少，除此之外，唯一可见的是战国时期曾侯乙墓漆内棺上装饰的人面鸟身，头生两角，耳珰饰两蛇，脚下踩两蛇的神怪，两者形态基本相仿。关于这种珥蛇的人面鸟身的神怪在《山海经》中有描述。《山海经·大荒北经》中记载："北海之渚中，有神，人面鸟身，珥两青蛇，践两赤蛇，名曰禺强。"郭璞注中提到，禺强字玄冥，是水神，又是雨师。残砖上刻画的人面鸟身，珥蛇的神怪与《山海经》中记载的禺强形象相符。凤、神人、圆璧巧妙结合，更加注重画面的平衡性和整体性，打破了商周时期注重器物纹饰对称性的格局。

将水神和凤鸟图案一起刻画于空心砖上，具有深刻的文化渊源和历史

秦水神骑凤纹空心砖

战国至秦（前475—前206）
残长22厘米，宽18厘米
秦都咸阳一号宫殿遗址出土

背景。第一，秦人祖先崇拜的体现。在秦人的神话传说中，颛顼的后裔中有一名叫女修的姑娘，吞下玄鸟卵，生了一个男孩取名大业，为秦人祖先。古文献中解释玄鸟即凤，并且形容凤是神鸟，出于东方君子之国，只有在天下太平的时候才出现。战国至两汉时期，北方的水神为玄冥，又称颛顼、黑帝。秦人自认为是颛顼的后裔，陕西凤翔秦公一号大墓出土的石磬铭文中记载："……高阳有灵，四方以鼏。"其中，高阳就指的是颛顼帝。战国五行学说把玄冥和颛顼扯在一起，认为玄冥、颛顼和黑帝是同一个人，五行中属水德，是水师。《山海经》中禺强的形象本是古代巴蜀人创造、想象出来的，流传到中原后变成了水神、颛顼。一方面是为了宣扬天降祥瑞，国泰民安；另一方面也是为了强调水神和秦祖先之间的联系，以求先祖的庇护，天下安宁。

第二，政治统治的需要。战国时期流行"五德相胜"说，《史记·秦始皇本纪》载："始皇推终始五德之传，以为周得火德，秦代周德，从所不胜。方今水德之始，改年始，朝贺皆自十月朔。"统治者希望通过对水神的崇拜来体现秦代周得水德，是顺应天意，天赋王权。"水德"的季节为冬季，于是以每年的十月（即冬季里十月至十二的第一个月）作为一年的开始，于十月初一举行朝贺。《礼记·月令》中蔡邕章句注云："迎冬者，礼颛顼、玄冥之神也。于北郊六里，水数。"体现了先民对水神祭祀的重视。

第三，自然崇拜下的精神寄托。中国古代主要是农耕经济，风调雨顺对农业生产至关重要。干旱或者洪涝对庄稼会产生致命的打击。在生产力和科技水平低下的条件下，先民们对水产生依赖和恐惧感，把希望寄托在一种超自然的力量上，水神信仰应运而生。再者，关中地区河流众多，有无水患关乎着秦的军事安全、航运交通和日常生活。对自然的无知，使人民把洪水泛滥、河水污染和水上遇险归咎于水神作怪，从而想通过祈祷祭祀水神避免这些灾难。

空心砖作为古代建筑材料中的一类，因形体巨大，内部中空，省料易烧，有防潮、隔音之功能，主要用于大型宫殿和陵寝。其使用时间从西周一直延续到东汉中期，最早的空心砖发现于陕西周原云塘村池渠遗存。先秦及秦汉时期的宫殿夯土建筑遗址中出土的空心砖大部分作台阶和踏步之用。这件水神骑凤纹空心砖，砖画面饱满，朴实古拙，既是古人农本思想、务实思想的体现，又是水神信仰从水灵崇拜到半人半兽的人神崇拜的过渡阶段的体现，是秦人通过建筑艺术来表达自己思想意识的实物见证，具有鲜明的时代特征和地域特色。

（姚玲玲）

秦龙纹空心砖
不朽杰作 寄情千年

砖面龙纹图案生动,具有典型的秦代宫殿建筑特色。

华夏宝库中,有许多璀璨的明珠,比如秦砖汉瓦,寄情千年。

公元前350年,秦孝公把国都从临潼以北的栎阳,迁到了山南水北的咸阳。咸阳历经了惠文王、悼武王、昭襄王、孝文王、庄襄王、始皇帝、二世胡亥直至秦亡,在一百四十四年的发展历程中,都城咸阳恢宏壮观。秦在统一全国战争中,每灭一个诸侯国,就将这个国家的宫殿在都城咸阳北塬之上进行仿建,六国宫室各具特色,有风景幽雅的"兰池宫"、军事瞭望的"望夷宫"以及富丽堂皇的"咸阳宫"等。

咸阳宫是秦的朝宫,宫殿主体是用黄土层层夯打而成,高大的夯土台基上修建有咸阳宫殿主体建筑,遗址内出土了大量的秦代建筑材料,其中

秦龙纹空心砖

秦（前221—前206）
长72厘米，宽39厘米
秦咸阳宫遗址出土

发现了包嵌在台阶表面作为踏步使用的空心砖，空心砖种类较多，纹饰丰富，质地坚硬，色泽青灰，制作规整。

秦咸阳宫遗址出土的龙纹空心砖，砖面图案线刻而成，虽然已残缺，但还是可以清楚地看出主体图案，砖面以回首单龙为主，龙首作回望状，两角直立，双目圆睁，龙身环绕着玉璧，整个画面和谐自然。玉璧不仅是礼器之一，也是六器之一，深受中国古人的喜爱，那么为什么会在空心砖中间装饰这么大的玉璧呢？据《周礼》记载"苍璧以礼天"，古代先民们认为"天圆地方"。因璧呈圆形，象征着天。璧本身承载了众多的人文内涵，在中国几千年的文化中蕴含着美好的意愿，同时璧还有高贵品质、权力等级的象征等，所以玉璧具有和谐圆满、成功吉祥等美好的寓意。在古代社会中，贵族们对玉极为重视和推崇。龙身环绕玉璧，象征着龙想要高飞九霄、纵横翱翔苍穹。

距离我们两千多年的秦砖，因其颜色青灰、质地坚硬、制作规整、形制多样而著名于世。空心砖作为秦代大型建筑材料，盛行于战国秦汉时期，在建筑物中占有极其重要的地位。空心砖上一般饰有纹样，砖面图案主要采用模印和刻画两种方式制成，纹饰多为几何纹、动物纹等。砖的制作采用先进的技术和严格的管理程序，历经千年而不朽。这种用陶土烧制的长条形砖，中为空心，不仅体轻、防潮、隔音，而且省材。秦空心砖纹饰大多数都是凸出来的，这样不但美观，也起到了非常好的防滑作用。像我们今天建筑当中常用的空心楼板一样，也应该是受空心砖的启发逐渐演变而来的。

龙纹，源于远古时期的动物崇拜。龙是我国古代人们心目中的神物，是一种虚拟的综合性动物形象，人们想象它有马头、鹿角、蛇身、鹰爪、狮子的尾巴，通体鳞甲，龙不仅能在陆地上行走，还能在水中游动，能腾空飞翔，兴云雨，利万物，又是驱邪镇恶的祥瑞之物。中国历代君王，都是以龙的形象作为自身的象征，自命"真龙天子"，是一种权力、地位的综合体现。龙从早期作为图腾崇拜的对象到后来发展为具有特殊意义的图案，无论从哪个方面看，都代表着中国人的一种精神信仰。而龙纹文化在皇权与民间广泛流传，体现着中国龙文化的博大与精深。

秦咸阳宫空心砖，可以包嵌在台阶表面作为踏步使用，有的也用来装饰墙面重要的位置，给人以庄严、肃穆、规整、大气的感觉。这些充满文化内涵的纹饰图案，不仅发挥了秦砖的功能，同时也让建造的殿堂楼阁更显威严大气。龙纹空心砖不仅是一种高级的建筑材料，更反映了那个时代的建筑风格，砖面图案具有典型的秦代宫殿建筑特色，充满勃勃生机。龙纹空心砖蕴藏着古代劳动人民高超的智慧，它既是实用的建筑材料，也是不朽的艺术品，以其独特的魅力，记录了那个时代建筑的恢宏和壮观，让我们至今赞叹不已。

（周颖兰）

西汉三千兵马俑军阵

宏大威武 最『牛』军神

杨家湾西汉兵马俑是西汉军队的缩影，一定程度地反映了西汉军队的组织结构。

  1965年8月，在咸阳市以东20千米的杨家湾村，村民们平整土地时，意外发现了一批西汉彩绘兵马俑。经考古调查发现，埋藏兵马俑的陪葬坑10个，埋藏兵器和车饰的砖坑1个，埋藏兵马俑的10个陪葬坑均为竖穴土洞式，从地面向下先挖一个长方形竖坑，再在竖坑的一壁横向挖窑洞式土洞。这些土坑的分布情况是由南向北，东西相对，南北向排成两列，其中7座一坑一洞，3座一坑二洞，大小深浅不一，有13个方阵。在这些俑坑中，土洞大的是放置骑马俑，土洞小的放置立俑，也就是士兵俑。共清理出士兵俑1965件，骑马俑583件，盾牌模型近千件，号称为"三千人马"。

西汉三千兵马俑军阵

西汉（前202—8）
1965年咸阳市杨家湾村出土

西汉三千兵马俑军阵局部

兵马俑头

兵马俑身上的彩绘

这批西汉三千彩绘兵马俑的出土地为汉刘邦长陵附近的陪葬墓的陪葬坑，墓主人到底是谁？考古工作者进行了深入研究，在这批兵马俑陪葬坑以北70~120米处，有两个汉代墓冢，均位于长陵陪葬区的周氏陂内，周氏陂是周氏家族墓地，结合北魏郦道元《水经注》记载"古渠（成国渠）东迳汉丞相周勃冢南，冢北有亚夫冢"。由此可推断，这两座墓的墓主人可能是周勃夫妇或周亚夫夫妇。这批兵马俑是我国首次出土的大批量的彩绘兵马俑，从而成为20世纪60年代震惊考古界的重大发现。

杨家湾西汉兵马俑是西汉军队的缩影，一定程度地反映了西汉军队的组织结构。出土的步兵俑和骑马俑应是步兵和骑兵的象征，除了大批的步

兵马俑足部细节

兵俑、骑兵俑外,还有一些形态各异的士兵俑,他们通常站在军阵最前方,担负着不同职责。从站立姿态和手势来看,有的似一手拿笔,一手拿簿做书写状,应为书记俑;有的身着黄袍,头微微上扬,双手似持军旗状,表情庄重肃穆,应为执旗俑;有的双手持器械于胸前上扬,应为持械俑;有的右手握空拳半举作持兵器状,或拇指与四指分开半举做扛兵器状,应为扛械俑;还有站着似拉弓射箭的立射俑,等等。不同姿态的兵俑象征着不同兵种的分工,为研究西汉军队结构提供了不可或缺的实物资料。

众所周知,秦兵马俑的塑造形象为千人千面,但仔细观察兵俑的脸部发现,这些应该都是关中人的特点,而杨家湾西汉兵马俑却塑造成了三种不同的体质形态。根据《史记》《汉书》《文献通考》的记载综合分析,汉初兵员主要来自三个不同的地域:一是关中三辅地区,二是陇西、天水地区,三是巴蜀地区。出土的这批兵俑也同样有着三种不同的体质形态,恰恰印证了汉初兵员来自此三个不同的地域及族属。个头较高,脸形方正,长目,鼻大而唇阔的,形似陕西关中人,在士兵、骑兵俑中数量最多,应该是汉军的主力;个头较矮,脸形瘦削,眉骨突出,鼻小嘴突起的,形似陇西、天水人,这种形态的俑多为小骑马俑的骑士,通常他们背部负箭囊,应是骑兵中的弓弩手。史料记载秦汉时期陇西、天水一带的秦人因与胡羌比邻，善骑射，此类兵俑的发现也印证了这点；个头中等，头发大多梳于脑后盘髻，脸呈中字型，窄额头，尖下颏，高颧骨，眼小而圆的，形似巴蜀人，应为来源于巴蜀一带的士兵形象。

在这批出土的兵马俑中，有一件国宝文物——西汉彩绘指挥俑。杨家湾西汉兵马俑方阵的数量，少则四十余件，多则近四百件，方阵前均有领队俑。这些领队俑应象征着领五十人左右的队率，领二百人左右的军侯，领四百人左右的军司马、校尉，而这件指挥俑应该就是统领两千人以上的将军。指挥俑高56厘米，宽30厘米，是这批西汉兵马俑中身材最高并且彩绘保存最完整的一件。指挥俑头略扬起，脸形方正，前额较宽，抿嘴，目视前方。右臂抬起斜向上方，右手向上45度，伸出大拇指和食指，作指挥状。左臂张向左下方，左手偏外平伸，衣袖挽起。它的服饰色彩鲜艳，很有特色，头戴紫红色武冠，内着大红深色战袍，外着黑色鱼鳞长甲，甲片制作精细，腰系革带。脚蹬高腰华靴，靴上绘有云气纹。这件指挥俑服饰华丽，形象生动，神气活现，特别是手势和表情中散发出的自信、坚定、不可侵犯的神态，充分表现了一位将军果断、刚毅、威严和不可违逆的气势，被人们赞为最"牛"西汉指挥俑。

这批西汉兵马俑的服饰主要是楚服、胡服和秦服的融合，服制和色彩的不同体现着等级差异。兵马俑的服饰按头饰分类，有戴冠和头上挽发髻的两种，发髻俑在左肩上均饰有披肩式条带纹蓑衣；按上衣分类，有衣长

军阵中的彩绘指挥单人俑

至膝部的短衣和衣长至膝下的直摆袍服两种，短衣俑数量最多，袍服俑较少，这种短衣本是楚人的一种服饰。刘邦是沛县人，喜好楚服，曾要求自己的下属改变着装，穿楚服的短衣；按甲衣分类，有长甲和短甲两种，长甲有护肩，身前垂至腹部，后及臀部，腰带以下甲衣呈U形护腰，甲片呈矩形或圆角长方形、铲形等；短甲没有护肩，前后两片相连，甲片呈矩形，形制比较简单；按军阵分，有骑兵俑和步兵俑两类，骑兵俑的膝部均有豹斑纹护，无护腿的胫衣。步兵俑的小腿均有护腿的胫衣，却无豹斑纹护膝；按鞋饰分，有四种：芒鞋、勾履、浅帮圆口鞋、高腰华靴。较高级别的指挥俑穿靴子，少数将军俑穿着鞋尖上翘如勾的勾履，大部分步兵俑穿芒鞋，也就是草鞋，骑马俑均穿浅帮圆口鞋。

杨家湾西汉兵马俑是我国最早发现的兵马俑军阵，对研究我国汉代的埋葬制度、服饰制度、军事制度、雕塑艺术等，提供了极其重要的实物资料。最"牛"的西汉彩绘指挥俑自出土以来，曾远赴十几个国家和地区展出，成为对外交流的"文化使者"。

（王 蕾）

北朝彩绘陶牛车模型

变革融合 引领风尚

北朝彩绘陶牛车，陶车造型逼真，陶牛栩栩如生，生活气息浓郁，虽然是陪葬用的明器，但也是当时现实生活的真实写照。

牛在中国人心中有着特殊的地位，它既是勤劳、忠厚、无私的代名词，又是传统农耕社会役使的主要畜力，以牛为动力的牛车还曾一度成为中国历史上重要的交通工具。古人事死如事生，用生前使用过的生活用品模型作为明器陪葬是惯例。考古出土的陶牛车，是当时陪葬习俗的一种反映。

这件北朝彩绘陶牛车，由车和牛两部分组成，胎质为灰陶，表面施有红色彩绘。车顶为前后出檐的卷棚平顶，檐端微上翘。车厢为方形，前端伸出长方形栏，栏前面两端及车厢前面底部两端均留有辕孔，应为与牛相连的木质双辕；车厢前面顶檐下端和箱底处有带孔的双耳，应为插高竿、挂帷帐或者悬挂装饰物之用；车前后都有门，前门为正方形，后门为长方

北朝彩绘陶牛车模型
北朝（386—581）
长15.5厘米，宽25.8厘米，高20.02厘米
咸阳西北国棉一厂出土

形。两车轮直径17.6厘米，轮上浮雕16根辐条。陶牛以典型的陕西关中地区的黄牛为制作原型，牛长32厘米，高16厘米，身形肥大，头部前伸，双目正视前方，犄角前卷，耳朵横起，四肢粗壮有力，尾巴紧贴臀部，呈前行状态。牛和车整体造型写实，颇具时代特色。

牛车作为我国古代历史上重要的交通工具，出现时间很早。据三国时期蜀国史学家谯周的《古史考》中记载："黄帝作车，引重志远。其后少昊时驾牛，禹时奚仲驾马。"少昊乃黄帝之子，说明黄帝时已使用牛驾车。秦以前，称牛车为"大车"，主要功能是运载货物和作为妇女的代步工具。文献记载，商人的祖先王亥用牛车拉着货物四处进行贸易，周人用牛车运载货物的情形也在《诗经》中多有所见。《史记·秦本纪》中记载的晋国运输向秦借的粮食，作为水运补充手段的陆运工具也是牛车。作为妇人代步工具在《诗经·卫风·氓》中也有描述，女主人公因被爱人抛弃后乘车回家，途中渡河时，河水都沾湿了牛车上的帷帐。到了汉代，牛车仍主要用于装载货物，很少作为载人的乘车，《晋书·舆服志》上说："古之贵者不乘牛车。"东汉末年，牛车渐渐风光起来，据《三国志·魏志·董卓传》记载，董卓被诛后其部将李傕、郭汜叛乱，汉献帝被迫亡命陕北，逃亡途中乘牛车，因为牛车"救驾"有功，所以天子至士庶经常乘坐牛车。

魏晋南北朝时期，牛车日益受到各阶层人士的青睐。当时玄学之风盛行，缓慢前行的牛车为谈玄之人提供了一种闲适、舒缓的空间氛围。加之车厢里放置了凭几等物，使乘车者能够舒适地卧躺。将相贵族乘坐牛车更是屡见不鲜,如魏晋知名的士人王衍、王导、谢安等人,都有乘坐牛车的记载,甚至当时的车舆制度中,还规定了乘坐牛车的贵族等级和使用范围。北朝时,牛车的使用成了"汉化"的标志。北朝多为少数民族政权,入主中原以后,为了更好地统治北方地区,北朝上层开始学习汉族的典章制度,牛车所代表的车舆礼制也在其中。北朝牛车的盛行以北魏最为显著,《魏书·礼志》记载,太武帝的座驾是"大楼辇,驾牛十二"。孝文帝改革后,牛车在北方社会广泛推广。熙平元年(516)制定车制,规定庶姓王侯、尚书令仆以下、列卿以上给驾马轺车或乘牛车,正、从一品官及仪同三司至七品官都乘牛车,其使用牛车之盛,比两晋有过之而无不及。北朝如此,南朝亦不逊色,各种高级牛车发展起来,谁要是骑马或乘马车,还会被人弹劾,有的士大夫甚至从来没有见过马。牛车的这种影响,一直延续到隋代及唐初,直到唐太宗讲求马政,不遗余力地发展养马业,马匹才逐渐增多,驾车亦用马,牛车成为妇女专用的交通工具。从宋代开始,牛车不再入车舆礼制之中,现实中的牛车也基本不用来载人,而是用来拉货物。

时过境迁,作为交通工具的牛车,曾经风靡了数个朝代,如今以模型的形式被珍藏在博物馆,它是那个时代里魏晋士大夫追求闲适生活的缩影,也是当时社会大变革下民族融合的重要体现。今天,透过这件北朝彩绘陶牛车,我们依稀可以感受到牛车文化的渊源流长。

(姚玲玲)

隋四系瓷罐

简约古朴 人间烟火

> 隋四系瓷罐胎体坚硬,风格粗犷,色泽纯净,生活气息浓郁,具有阳刚壮硕之美,时代特征明显。

  陶瓷,是时间的艺术,泥土太干则裂,太湿则塌,为了成就一件完美的器物,匠人们需要等,等土干、等火旺、等陶凉……

  这件生活气息浓郁的隋代四系瓷罐,胎体用高岭土制作,肩以上施豆绿色釉,鼓腹,腹下斜收,平底。盘口,圆盖二层台隆起,桃形纽,子母口,束颈,圆肩,肩上贴塑穿绳的四个竖系,有弯锥状短流,与流对称的另一侧似有已残的鋬。整体造型简约古朴,呈现出隋代北方瓷器的风格。

  中国历史上,隋代是上承南北朝下启唐朝大一统的朝代。公元589年,隋文帝南下灭陈,统一中原,结束了自西晋末年以来长达近300年的分裂局面。隋代虽立国仅38年,但在瓷器烧制上有着浓墨重彩的一笔。据考

隋四系瓷罐

隋（581—618）
高38厘米，腹径31厘米，重5.96千克

古资料发现,隋代以后对北方的制瓷和窑口研究有了较为详细的记载,制瓷工艺和烧瓷技术较前有了很大提高,饮食器具除瓷碗以外开始烧制瓷壶、瓷罐和瓷瓶等。在河南、陕西、河北、山东发现了很多重要的窑址,如河南安阳窑、巩县窑,河北磁县贾壁村窑等。当时流行的罐类有两种,北方流行的瓷罐多类似于这件四系罐,施半釉,这是因为隋代瓷器施釉方式是拿着坯体的底部往釉水里蘸釉,所以瓷器里面一般都是满釉,而器外都是半釉。器物中底部平底的多为隋唐五代以前的,自北宋以后开始底部挖足。一直到元明时期,北方多地仍在烧制。其演变的规律也较为明显,主要表现在器体不断增高,上腹收小,下腹和底相应扩大,重心向下,越变越实用。同时期南方地区较流行的罐造型为:身瘦长,口直而大,无颈或瘦颈,丰肩,撇足,肩部多贴附六系或八系耳。

隋代的瓷器胎体一般较为厚重,胎色因产地而异,以灰白色居多。釉为青色,而青釉并非单指一种颜色。青中泛黄和黄褐者也为数不少。隋代青瓷一般是在还原焰中烧成,但釉色不稳定。说明它的窑炉结构有待改进,使用还原焰烧成技术还不成熟。隋瓷多用支具叠烧,同时这一时期也出现了筒形匣钵,这件隋代四系瓷罐泥条盘筑、拉胚而成,其表面洁净无杂尘,说明它可能是用简单的筒形匣钵烧制而成。

上至王公贵族,下至平民百姓,中国人的一生可以说是与陶瓷相伴而生。今天,我们已无从考证这件四系罐的出处,但它可能作为一种生活器具,用来装水或装酒。也许是农夫田间劳作时,妻子送茶送水的爱的载体,又或者是文人骚客、江湖故人豪饮的手伴。试想在大兴城的郊外，草屋的茅檐又低又小，溪边长满了翠绿的小草。一男子正在小溪东边的豆田锄草，山中的气息与傍晚的景色十分和谐，空中的飞鸟结伴而归，远处的村庄飘着袅袅炊烟，一妇人担着用竹篮盛的饭食，手提装水的四系罐款款而来，过着一屋两人三餐四季神仙般的生活，他们也许就是当时归隐的徐德言和乐昌公主……

我们与古人过着截然不同的生活，却有着相同的思想情感，古人是如何诉说相思之苦？怎样表述壮志难酬？杯光壶影是最直接的办法。古人爱酒，他们喝下的酒里有热血上涌的狂放、有快意人生的豪情。那么装酒的器具无疑就是这些场合的必然装备。只有在酒的作用下才有"酒后高歌且放狂，门前闲事莫思量"的勇气；在半醺时才能发出"酒酣胸胆尚开张，鬓微霜，又何妨"的感慨；借助酒才可以有"有诗有酒有高歌，春色年年奈我何"的快意；在酒的怂恿下才有"诗万首，酒千觞，几曾着眼看侯王"的豪气；在酒的催化下才能诞生出"应是天仙狂醉，乱把白云揉碎"的佳句。这几种场景、这几种意境中，酒虽然是主角儿，但酒杯、酒壶、酒罐或许是作者灵感的源泉。

一座博物馆就是一所大学校，一件文物就是一把开启记忆的钥匙。有时间一定要走进博物馆，看看我们的祖先留给我们的智慧凝结，叹叹历史曾经的沧海桑田，让中国历史、中国陶瓷制造生生不息，代代相传。

（苗　陈）

宋青釉刻花瓷碟

巧如范金 精比琢玉

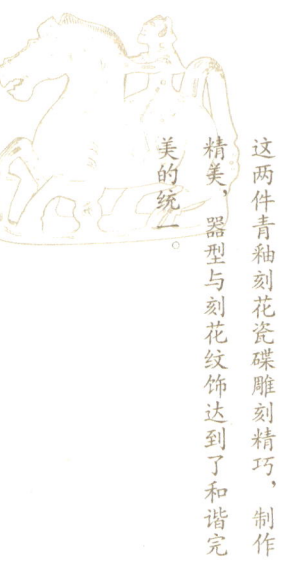

这两件青釉刻花瓷碟雕刻精巧，制作精美，器型与刻花纹饰达到了和谐完美的统一。

　　八九百年前的宋朝，是一个文强武弱但又相当富裕的时代，虽有宋辽、宋金对峙，百余年未曾消停。但就在这个动荡战乱频仍的时代，却产生了远比盛唐还要灿烂辉煌的陶瓷艺术。这两件耀州窑青釉刻花瓷碟，让宋人浓郁的生活气息扑面而来，仿佛使我们回到大宋，体会当时的繁华与昌盛。

　　这两件耀州窑青釉刻花瓷碟，碟口微敛，浅腹，器底足矮平未施釉。内壁刻莲花枝叶图案。通体施豆绿色青釉，釉色青绿光亮，有冰裂纹。碟内壁遒劲犀利的刻花痕与潇洒流畅的花纹阴阳映衬，对比分明，刻花的花瓣和叶面上又加以平湖细波般的篦划线条，更显丰富华美。

　　青瓷器是古代瓷器发展中的一朵奇葩，东汉晚期出现。自青瓷器产生

宋青釉刻花瓷碟

宋（960—1279）
口径18.5厘米，高4厘米
陕西省礼泉县阡东镇赵仆村出土

之日起人们就被其色泽淡雅、胎体坚硬的特性所折服，在餐桌上再也不愿意看到粗糙的原始青瓷和陶碗，青瓷器成为人们日常生活当中最主要的器具。特别是到了唐宋时期，随着社会经济的高速发展，青瓷制作已经相当发达，北方地区出现了耀州窑等一批青瓷窑场，并且形成庞大的窑系规模。

耀州窑是中国古代北方地区最有影响力的青瓷窑场，在中国陶瓷发展史上占有重要的地位，连续烧造耀瓷长达七百余年，给后世留下了极其丰富的文化遗存。经过唐代匠师们的探索创新，耀州窑的瓷业生产日趋繁荣。五代时期耀窑青瓷的制瓷工艺又有了很大的提高和发展，成为当时唯一可与越窑青瓷媲美的窑场。宋代是耀州窑的鼎盛时期，青瓷产品跃居诸窑之首，代表着北方青瓷艺术的最高成就。宋代耀州窑青瓷在造型上追求古朴典雅之风，蕴涵精巧秀美之气，线条流畅，刚柔相济，极尽变化之妙。

这两件青釉刻花瓷碟采用了精湛的刻花工艺。耀州窑青瓷的装饰工艺以刻划花和印花为主，以犀利、圆活、流畅、自然的纹饰线条与晶莹温润的玻璃质青釉相结合，相映成趣，相得益彰。从大量的耀州窑青瓷精品文物可以看出，刻花工艺是耀窑青瓷装饰技术中的重头戏与精工之作。刻花是一种浅浮雕艺术。刻花工艺刀法挺秀，刚劲有力，刻花纹饰热烈奔放，其强烈的艺术感染力是其他瓷窑刻花瓷无法比拟的。这种刚劲有力刻花手法的运用，使这两件耀州窑青釉刻花瓷碟达到器型与刻花纹饰的和谐统一。

这两件青釉刻花瓷碟的装饰纹样采用了莲花枝叶图案。耀州窑青瓷精品的一个特色是装饰题材采用较普遍的植物纹样，其中以牡丹、莲花、菊花为多，这些花卉的形态多为折枝、缠枝、交枝。这几种植物纹饰，大多以花为主，枝叶相间衬托，二者主次分明，疏密有序，相互呼应，变化中有统一、统一中求变化，变化和统一成为耀州窑青瓷装饰纹样的两个基本要素。其变化表现在各类植物有根、茎、叶、花、果实之分，统一则是纹样的内在联系。耀窑青瓷装饰手法巧妙，匠师因器施图，艺术水平高超。

耀州窑青瓷的装饰艺术之所以取得这样高的艺术成就，和宋代绘画理论的影响密不可分。经过近千年的发展和探索，一套比较完善的艺术理论体系到了宋代已经形成，这从青瓷作品的设计、制作和创新中得到了印证。耀州窑青瓷从布局上看，有一个最大特点，即巧妙地运用中国古代建筑和绘画理论中对称和平衡的原理。如牡丹、莲花、菊花等花卉在绘画与陶瓷装饰中的表现形式几乎完全相同，绘画艺术中的起笔、落笔与陶瓷装饰中的用刀有类似之处。

咸阳，毗邻耀州，距耀州窑中心窑场黄堡窑不远，再加上境内还有同属耀州窑系的旬邑安仁窑窑址，多年来出土的耀州窑瓷器精品蔚为壮观。其中尤以耀州窑瓷器中的青瓷古朴典雅，美轮美奂。咸阳博物院收藏的宋耀州窑青釉刻花瓷碟便是其中的代表作品之一。

窥一斑而知全豹。这两件宋代耀州窑青釉刻花瓷碟，说明了耀州窑青瓷享有"巧如范金，精比琢玉"的美誉毫不为过。这两件瓷碟对研究宋代制瓷工艺及当时人们的审美观念具有重要价值，是宋代耀州窑瓷器中的精品。

（刘晓东）

清青花渔樵耕读图瓷盘

渔樵耕读 隐逸情怀

"渔樵耕读"是农业文明里个体人生的理想境界,成为符号化的寓意深远的象征。

　　"渔樵耕读",是农业社会里的每一个中国人,深植在灵魂里的精神根系,也是耕读情境下个体人生的安居向往。

　　"渔樵耕读"青花瓷盘,胎质细腻,保存完好。敞口,弧壁,平底,矮圈足,盘背有三个小蝙蝠图案,应是清代中期的器物。盘中的青花发色深浅有别,用笔湿润淡雅,有"水墨画"的效果。

　　"渔樵耕读"图绘画于盘内,构图呈"干"字形。浓黑的远山衬托出相对浅淡的前景。"干"字形构图的下方为一条弯曲的田间道路,路的左下方为"渔",绘一个渔夫蹲坐在池塘边举竿垂钓,水面用淡色染出,重色点萍。路拐弯处的右侧为"樵",绘一个樵夫弓背掮柴行于桥上。路拐

清青花渔樵耕读图瓷盘

清（1636—1911）
高2.2厘米，直径10厘米

弯处的左上侧为"耕"，绘一个腰系布带的农夫右肩扛锄头，左手牵一头水牛。牛体态肥壮，抬蹄迈步，牛头直视农夫背部。盘的中心为"读"，在几棵大树的掩映下露出茅舍一角，窗内有一男子正在专注读书。整个画面中的水牛、垂钓的人、打樵的人、阔叶树等组成了一幅江南山水。

"渔樵耕读"历史典故均有出处。"渔"即渔夫垂钓，历史上"渔"

的代表是东汉的严子陵。严子陵与汉光武帝刘秀为同窗,深得刘秀赏识。刘秀做皇帝后,数次邀其做官,但其坚辞不出,一生不仕,隐于浙江桐庐,垂钓终老。

"樵"指打柴之人。历史上"樵"的代表是西汉时期的大臣朱买臣。班固《汉书》记载,朱买臣早年出身贫寒,以打柴卖薪度日,但却酷爱读书,熟读《春秋》《楚辞》;其妻因不堪忍受贫困的生活,离之改嫁他人。朱买臣后由同乡严助推荐,官至汉武帝时的中大夫、文学侍臣。

"耕"即农夫耕田。历史上"耕"的代表人物是陶渊明。陶渊明是东晋末年的大诗人和文学家。曾做过几年小吏,因厌倦官场的黑暗,辞官回家,从此隐居寒庐,寄意田园。"采菊东篱下,悠然见南山",其冲淡渺远、恬静自然的人生态度和诗文风格,成为后世文人推崇学习的典范。

"读"指读书之人。历史上有名的渔翁、樵夫、农人,大多是读书人。他们或苦读于乡间,或归隐于山林,或入仕,或出世。入仕者亦多在晚年回归乡野。他们向往着高枕青山、闲看白云、遥望明月、卧听松风的静寂生活。归隐,成为中国古代读书人的终极追求和最高的人生理想。

"渔樵耕读"中的"渔",唐代诗人多有吟诵。李白的"昭昭严子陵,垂钓沧波间",张志和的"轻箬笠,绿蓑衣,斜风细雨不须归"流传甚广。而柳宗元笔下的"孤舟蓑笠翁",在"千山鸟飞绝,万径人踪灭"时,却独钓一江寒雪,更借渔翁描写自己枯寒孤绝的心境。北宋哲学家邵雍曾以虚拟的渔樵形象,写出了著名的《渔樵问对》。书中的"渔""樵"本身具有象征意义,是看破世事的高逸之士的隐喻。渔樵形象在宋代诗词中亦可见。"渔樵耕读"是两宋山水画中常见的符号,表达了宋人与自然和谐相处的田园牧歌式的生活理想。"传家二字耕与读""守家二字勤与俭"。"耕读"在儒家思想里具有退而善身励志的意思。宋代,受"万般皆下品,唯有读书高"观念的影响,人们对读书人给予了充足的尊重和敬意。

在元人统治时期,读书人降到了九儒的地位。据清代赵翼《陔余丛考·九儒十丐》载:"元制:一官二吏三僧四道五医六工七猎八民九儒十丐。"汉人中的文人雅士,采取不合作的立场,寄身山林,遗世独立。中国山水画史上著名的元四家——黄公望、吴镇、倪瓒、王蒙,均束发修道,他们多画山川、疏林、孤树、渔夫,或澄明高旷,或幽寂荒寒。隐逸之气,扑人眉宇。

元四家亦喜画野竹,而同时代的王冕专工野梅,文人画家用竹梅图像象征自己的气节和耐寒的瘦骨。王蒙甚至取号"黄鹤山樵",以明归隐之志。

"白发渔樵江渚上,惯看秋月春风。一壶浊酒喜相逢,古今多少事,都笑付谈中。"明代的杨慎在《临江仙》中写出了乡野渔樵的旷达与超然。

渔夫靠打渔为生,樵夫凭卖薪度日,农夫以躬耕糊口,"渔、樵、耕"是"读"的生活基础,而"读"才能真正领略"渔、樵、耕"的自然之趣,从躬耕劳作中获得心灵的超脱和安适。青花瓷盘上的"渔樵耕读"图是一幅恬静的生活画面,展现了在农业文明的环境里,瓷作匠人在盘子的方寸之间所表达的回归田园、融入自然、恬淡安居的人生理想。

(刘晓华 李晶寰)

清雍正霁蓝釉琵琶尊

天霁色青 极致之美

这件霁蓝釉琵琶尊,胎体坚硬,釉质莹润,釉面光洁,给人以轻巧俊美、洁净高雅之感。

  《说文解字》中写道:"霁,雨止也。"而霁蓝,就是雨过初晴天空之蓝,犹如水洗,清新淡雅。乾隆皇帝对霁蓝倾慕不已,曾作诗赞美:"落霞彩散不留形,浴出长天霁色青。"

  清雍正霁蓝釉琵琶尊,撇口,束颈,鼓腹,圈足,底露白胎,因器形上窄下宽,似直立的琵琶,故名琵琶尊。此物器形稳重,大小适中,通体施霁蓝釉,釉色深沉匀净,釉质肥厚莹润,光可鉴人。细观之,色如蓝宝石般明艳而不张扬,端庄又不失奢华,带给人们以优雅明净的审美享受。

  琵琶尊属瓶类的一种式样,因器形纵剖面似琵琶而得名,一般为撇口,束颈,弧腹,二层台式圈足,有的琵琶尊颈部饰对称的兽面双耳。这种式样

清雍正霁蓝釉琵琶尊

清（1636—1911）
口径6.1厘米，腹径13.3厘米，高24厘米

首次见诸于明代，清代起广为流行，其功能为厅堂陈设器具。随着时代变迁，人们的审美在变化，不同时期琵琶尊的器形也在逐步演变。早期琵琶尊瓷器以沉稳实用为主，厚重高大，盘口，为了让瓷器更平稳，二层台式圈足设计比较高；康熙晚期，琵琶尊从笨拙向小巧纤细演变，从实用器向陈设器转变，器形纤细瘦长，口沿变薄，呈喇叭口；清代中期以后的琵琶尊成为真正的陈设器，直口，二层台矮小并与底足接近，整体器形小巧秀美。

蓝釉是瓷器釉色名，最早见于唐三彩中。蓝色釉除含有三彩釉中常见的化学成分外，主要含有氧化钴和氧化锑两种新成分，其中作为呈色剂的钴原料主要经丝绸之路从西域波斯进口，且在陶器上面很难着色，只有贵重器皿才会使用，故在古玩收藏界里有句古话："三彩挂蓝，价值连城。"但这时的蓝釉却还是低温蓝釉，只有绮丽之感，缺乏沉着色调。

清末，许之衡的《饮流斋说瓷》所说："古瓷尚青，凡绿也、蓝也，皆以青括之。"刘子芬《竹园陶说》载："青色一种，常与蓝色相混。"高温蓝釉创烧于元代景德镇窑，以天然钴料做着色剂，在窑内1280℃～1300℃左右与坯胎一次性烧制成功的瓷釉，具有黏稠而附着力强的特点，使釉层与胎体结合紧密。釉色蓝如深海，釉面匀净，呈色稳定，后人称其为"霁青"，较之三彩的蓝色更为深沉雅润，具有了类似蓝宝石一般的光泽，在当时也被称作宝石蓝釉。明宣德时期，蓝釉器物多而质美，在《南窑笔记》中把霁蓝釉和霁红、甜白相提并论，推为宣德颜色釉瓷器三大"上品"。

《大明会典》载："洪武九年定，祀郊各陵瓷器，圜丘青色，方丘黄色，日坛赤色，月坛白色。"圜丘就是天坛，可见青色专用于祭天神。明嘉靖九年（1530）更定祀典，各坛所用的祭器也重新作了规定，瓷器取代青铜器成为皇家祭祀用品，此制一直沿用至清乾隆年间。明代制瓷工艺继承了元代传统，延烧不断，因高温蓝釉如蓝天的颜色一般，色泽深沉，釉面不流不裂，色调浓淡均匀，肃穆宁静，极适用于天人相接的祭祀场合，所以在明朝嘉靖九年（1530）将皇帝祭祀天坛的瓷器颜色选为蓝色，故明清时期将蓝釉称为"霁蓝"或"祭蓝",专用于祭天。从元朝开始出现,霁蓝釉经历了元、明、清三代。在整个蓝釉瓷系中,霁蓝釉的色泽最为纯正,"霁蓝"这个称呼的由来也是因为在文学中代表着雨过天晴,既映衬了天空的蓝色,又有美好的文化寓意。

霁蓝釉瓷器的珍贵,在于其烧制温度很难控制,而作为霁蓝釉的着色剂氧化钴在当时十分稀少,纯度参差不齐,烧造数量极为有限,且古人的制瓷过程非常繁杂,明代科学家宋应星在《天工开物》中写到制瓷工序:"共计一胚之力,过手七十二,方克成。其中微细节目,尚不能尽也。"一件好的瓷器从瓷土加工、造型、拉坯、素烧、上釉等等,要经过72道工序,才能完工。物以稀为贵,因此这件保存完好的霁蓝釉琵琶尊才会尤为珍贵。

"琵琶尊"所称"琵琶",本为胡人乐器。汉刘熙《释名·释乐器》:"枇把本出胡中,马上所鼓也。推手前曰批,引手却曰把,象其鼓时,因以为名也。"在南北朝时期,琵琶通过丝绸之路传入了我国,成为中华古老乐器之一。琵琶尊名称的由来,也许还与唐代诗人白居易那首非常著名的《琵琶行》有关:"千呼万唤始出来,犹抱琵琶半遮面……"因琵琶太过有名,古代瓷匠才由此创烧了琵琶尊,没想到这个创新用器大受文人雅士的追捧。

雍正时期的瓷器,名列清瓷之冠。古代瓷匠历经千年探索,方得至真至纯的霁蓝釉色,恰如这件珍贵的霁蓝釉琵琶尊,穿越漫长时空,款款而来。

(王宣懿)

第六章 石刻

以时光为刀 刻历史之脉

以碑碣墓志为主的文字石刻和以造型装饰为主的关中民俗石刻，运用线刻、圆雕、浮雕等多种雕刻手法，具有很高的历史、艺术、科学价值。尤其是部分重要碑刻墓志所记载的内容，可以补史遗阙，校史谬误。

北周贺兰祥与夫人刘氏墓志

权力密网 政治联姻

这一时期关陇集团为巩固自身实力,以政治联姻为手段结成权力密网。

1965年,咸阳市周陵乡贺家村出土了一对夫妻墓志,志主为北周时期的贺兰祥和其夫人刘氏。

贺兰祥墓志镌刻于周保定二年(562)三月二十日,青石材质。盖呈覆斗形,阳刻篆书"周故太师柱国大司马凉国景公之墓志",字迹清晰完好。志和盖同大,刻志文1365字,偶有剥蚀,大部分可辨识。

夫人刘氏墓志镌刻于隋开皇三年(583)。盖呈覆斗形,盖面阳刻篆书"大隋太师凉国景公夫人刘氏之墓志铭"。志为方形,与盖同大,正文共523字。

贺兰祥,北魏代郡武川鲜卑人,《北史》及《周书》均有传。父亲贺兰初真,年轻时名震乡里。母亲是宇文泰的姐姐。舅舅宇文泰亦为武川镇人，早年投奔同是武川军人的贺拔岳麾下，征战南北。贺兰祥自幼聪慧勇敢，志在建立功业。

贺兰祥墓志载其幼遭世乱，由舅舅宇文泰抚养，宇文泰特加慈爱，常随左右，未曾暂离。531年，十七岁的贺兰祥入仕，谋勇兼备。因侯莫陈悦杀了宇文泰的上司贺拔岳，贺兰祥参与消灭侯莫陈悦；奉迎北魏孝武帝元修；随宇文泰参与东西魏河桥之战和邙山之役；东魏高欢围玉璧城时解玉璧之围；侯景叛东魏入西魏被围于颍川时解侯景之围。因功累迁骠骑大将军，开府仪同三司，加侍中衔（魏晋以后，侍中相当于宰相）。武成元年（559），北周明帝时，吐谷浑乘凉州不备，入寇为患，诏命贺兰祥等率兵讨伐，平定凉州，并置洮州。吐谷浑并骑远逃，举国告降，贺兰祥大振军威而归，晋爵凉国公，邑万户。

墓志评价贺兰祥秉性温和，器度弘广。无论在长辈还是晚辈面前，都庄重正直，不以亲疏贵贱改变自己的态度。谦恭谨慎，小心翼翼，未见大声厉色于人。下属以其言行举止为表率，反省自修。北周建立之初，常因忙于公事而废寝忘食。《周书·贺兰祥传》评其出任荆州刺史，任期内清廉朴素，施行仁政，深得治下爱戴。

西魏恭帝四年（557），宇文泰侄子宇文护拥立宇文泰第三子宇文觉即位，是为孝闵帝，北周建立，宇文护执掌朝政。《周书·贺兰祥传》载，宇文护与贺兰祥为中表之亲，倚其为心腹，在军国大事上，均与之商量。

贺兰祥墓志记载，北周保定二年（562），贺兰祥忽遇暴风疾，翌日而薨，

贺兰祥墓志

北周保定二年（562）
盖顶69厘米见方，盖底90厘米见方，厚13厘米，志厚14厘米
1965年咸阳市周陵乡贺家村出土

享年四十八岁。比对《北史》及《周书》，可以推测，北周天和七年（572），北周武帝诱杀宇文护及其亲信，应虑及贺兰祥与宇文护关系之亲近及贺兰祥手握重兵之事实，周武帝欲除宇文护，必先除贺兰祥。所以，贺兰祥之死，有被害之嫌疑。墓志述其暴疾而亡，应是修志人为死者讳。

贺兰祥夫人刘氏墓志载其为恒农郡华阴县人。在舅舅贺拔岳引荐下，与贺兰祥成婚，礼盛当时。夫人孝敬长辈，勤俭持家，对亲戚常予资助，对下人时施衣食。妙得缝裳，太祖宇文泰之重要服饰，皆为夫人所制。生五子皆高官厚禄，四女皆为王侯嫡妻。隋开皇二年（583），薨于长安，享年六十六岁。

贺兰祥所在的西魏北周时期，是中国历史上承前启后的重要时代，虽然短暂，却影响了此后中国数百年的历史。这一时期出现的几个主要人物，宇文泰、宇文护、杨坚、李渊，开创了西魏、北周、隋、唐四个朝代，实为中外历史所罕见。

523年到530年，因北魏孝文帝的南迁汉化政策，主要为抵御北方柔然入侵而设置的六镇将士地位骤降，社会矛盾激化，起义一触即发。宇文泰及父兄在起义中颠沛流离，顺势而为，后因与贺拔岳有旧而投其麾下。贺拔岳见跟随宇文泰的贺兰祥气度奇异，甚为喜爱，引侍左右，并以外甥女许之。

534年，贺拔岳为高欢和侯莫陈悦暗害于平凉，宇文泰以夏州刺史被推举为首领，审时度势，统一关陇地区。六镇起义和南朝的萧梁北伐使北

贺兰祥夫人刘氏墓志

隋开皇三年（583）
盖顶44厘米见方，盖底56厘米见方，志厚11厘米
1965年咸阳市周陵乡贺家村出土

魏朝廷危如累卵，名存实亡。534年，高欢拥立东魏孝敬帝元善见，建立东魏。535年，宇文泰弑杀北魏孝武帝元修，拥立西魏文帝元宝炬，建立西魏。西魏在军事力量上逊于东魏，在与东魏的战役中常常失利。

大统十六年（550），宇文泰建立柱国系统。由六个柱国大将军统领，分别是赵贵、李虎、李弼、于谨、独孤信、侯莫陈崇。宇文泰与北魏宗室元欣为名义上的柱国大将军，宇文泰总领全军，掌握实权，元欣只是挂名而已。每个柱国大将军下，分设两个大将军，共十二大将军，分别是元育、元赞、元廓、宇文导、宇文贵、李远、达奚武、侯莫陈顺、杨忠、豆卢宁、贺兰祥、王雄。史曰："今（唐）之称门阀者，咸推八柱国家。当时荣盛，莫与为比。"

贺兰祥与刘氏成婚于贺拔岳平定关中叛乱之后，在加封关中大行台着手整合关陇势力之时。贺拔岳促成这段姻缘，亦是为拉拢宇文泰，壮大自身之实力。正是因为宇文泰与贺拔岳由此建立起来的紧密联系，才使得在贺拔岳遇害后，宇文泰能顺理成章地接手贺拔岳的军队，也使贺兰祥有了建功立业的机会。联姻也由此成为关陇集团巩固自身实力的重要手段。

宇文泰与皇族元氏、八柱国将军、关陇豪族、北方柔然和突厥均有联姻。宇文泰娶了北魏孝武帝的妹妹及地方豪族清河崔氏、天水权氏、柔然国上层达步干氏。宇文泰将自己的女儿分别嫁给贺拔岳之子贺拔纬、贺拔岳的属下刘亮和若干惠两人的儿子，将女儿义归公主嫁给十二大将军之一李远的次子李基。三子宇文觉娶了西魏文帝元宝炬的第五女，觉将自己的女儿嫁给了元宝炬的儿子——西魏第二任皇帝元钦。宇文泰的外甥女窦氏嫁与李昞的儿子李渊（即后来的唐高祖）。宇文泰迫使西魏文帝废后为尼，最后赐死废后，娶柔然公主为皇后。柔然国渐渐衰落后，西魏王室、宇文家族又转向与突厥联姻。北周武帝宇文邕娶突厥木杆可汗侯斤之女阿史那氏为后。而身为八柱国之一的独孤信将三个女儿分别嫁给了宇文泰庶长子宇文毓、八柱国之一李虎的儿子李昞、十二大将军之一杨忠的儿子杨坚（即后来的隋文帝）。

  通过姻亲形式，关陇集团巩固了其内部的政治联系，也维护了周边的稳定，为宇文泰的执政需要，营造了一个交织甚密的关系网，奠定了北周一统北方及隋唐王朝强盛的基础。

（李　云）

大周无上孝明高皇后碑

关中碑冠 顺陵残碑

武曌造字,有碑为证;李旦书法,真迹再现;母以女贵,深情昭然;碑塌留残,叙说千年。

顺陵,是武则天之母杨氏的陵墓,位于咸阳市渭城区底张镇韩家村。杨氏死于唐高宗咸亨元年(670)九月,享年92岁,以太原王妃礼葬。武则天即位后,于永昌元年(689)尊母为忠孝太后,天授元年(690)追封其母为孝明高皇后,改称顺陵。顺陵之所以重要,除了因为它是中国历史上唯一女皇——武则天的母亲的陵墓外,也因其陵园精美的石刻而著称。顺陵石刻中的独角兽和石立狮,形体硕大,雕刻精美,具有很高的艺术和科学价值,是唐代陵园石刻的典型代表,已成为顺陵的象征和标志。然而,鲜为人知的是顺陵石刻中还有一通与这四大件石雕相匹配的"大周无上孝明高皇后碑",是武则天为其母杨氏所立,碑阳题款"大周无上孝明高皇

大周无上孝明高皇后碑

武周长安二年（702）
据推算碑身高约6米，宽3.2米，加上碑首、碑座，通高在10.2米左右
咸阳市渭城区底张镇韩家村出土

后碑铭并序",碑文为武三思撰写,唐睿宗李旦书丹。原碑立于顺陵内城南门正南的"碑塔寺遗址内",后世俗称"顺陵碑"。其高度超过乾陵《述圣纪碑》和"无字碑"的一倍,为关中石碑之冠。

可惜的是"大周无上孝明高皇后碑"在明代消匿了。明万历咸阳人张应诏在《咸阳县新志》诸古迹"顺陵"条记载:"旧有石碑、人兽,至嘉靖三十四年冬地震,碑毁,人兽犹存。"原来在明嘉靖三十四年(1555)发生了关中大地震,"大周无上孝明高皇后碑"也未能幸免,在这次严重的地震中轰然圮倒,之后被人敲为碎块用以修补渭河河堤。自此,高大奇伟的顺陵碑从人们的视线中消失,这才是"大周无上孝明高皇后碑"消失的真正原因。虽然碑不见了,但顺陵的名字依旧为世人口口相传。

顺陵碑被震毁后,在当时并未引起人们的重视,直到人们无意中从渭河堤上发现了顺陵残碑,才引起了不小的轰动,由此掀起了一股收藏热。清代高保康《跋》云:"……崩出之残石三段,近数十年,西安碑贾南来辄询新拓,从未得一鳞片甲。"那么毁掉的顺陵碑是如何被发现在渭河河堤上的呢?相传明嘉靖三十四年(1555)大地震后,明万历十五年(1587)咸阳知县樊镕"重修堤堰",当时修河堤用料多来自秦岭山中,路远价高,老百姓为了挣点钱,用自己的车辆顺路将残碑作为石料运到渭河边。就这样,将震塌的顺陵碑块填进了河堤。还有另一个民间传说,清乾隆四年(1739)县令姚世道"补筑渭河石堤"。据传这次补修用石料量大,采取两条措施。

一是发动群众想办法。咸阳城内的杨秀才为讨好或领赏,提议将咸阳原上帝王陵及富户人家祖坟的石碑用于修堤,县令采纳,决定凡是阻拦者,罚交两块碑的银子。

二是向有条件的大户、富户摊派任务,必须按规定把石料运送到位。从原上陵墓拉运比"易石于户(今西安鄠邑区)"省力省时。心疼钱财的人眼睁睁地看着祖坟石碑被运走。顺陵残碑无人管,承担任务者便就地取材。就这样,竟把珍贵的宝贝填塞进河堤"窟窿"里。虽然明清先后有三次大的修河堤工程在史书中都有记载,但均未提及此碑,要想弄清究竟是谁把石碑运到岸边修了河堤,恐怕还要在以后寻觅线索以解千古之谜。

自顺陵碑消失二百余年后,顺陵残碑神话般陆续在不同时间、不同地点面世,存放地点也不断改变。清代朱枫《雍州金石记》:"碑仆,县令取修渭河,近于岸中崩出,一移县署,二在民间"。清代毕沅《关中金石记》:"今止三块,……一在县署,一在县学,一在北原。"清代王昶《金石萃编》:"明时断于乙丑。碑已剥落,仅存三石……今在咸阳县。"现存最大的一块长58厘米,宽121厘米,136字,最小的一块长32厘米,宽29厘米,8字。看来"民间"就是毕沅所说的"北原"。毕沅找回一块,到王昶编书时,失散在北原的另一块也找回。清末,毛凤枝《关中金石文字存逸考》记载,道光时县令(姚国令)"询知三段俱在署内……因防工嵌之东壁,以垂不朽"。三人都是乾隆时期的进士,对残碑的收藏和保护非常重视,记载一致。

《存逸考》及《重修咸阳县志》记载知县马毓华清修文庙时从墙阴掘得一块，连同渭河岸发现的三块先"嵌署内东壁"，后"俱存在县立第一民众图书馆"至清末，最大的一块断裂为三。

1964年，当地村民在顺陵陵园修水渠发现两块。次年，咸阳市修地下排水道，又在文庙掘出一块。和前面记载知县马毓华清修文庙掘得的那一块是否为同一块，无从考究。之后的一块又断裂为二。前后共九块石，俗称"顺陵残碑"，被收藏在咸阳博物院。

虽然大周无上孝明高皇后碑已残缺不全了，但是好在有宋人剪裱拓本《全唐石拓顺陵碑孤本》，又有《文苑英华》《全唐文》和《续古文苑》等书中考订后的录文，尽管拓本、录文仍有阙佚或舛误，但还是保留了碑文的基本内容，为后世留下了珍贵的资料，有重要的参考和研究价值。

首先，其碑文采用骈文格式，辞藻华丽，碑文对于杨氏世系、历代奉职、官爵、尊享及杨氏本人都做了详细的记载，从一个侧面反映了杨氏与武则天母女之间的亲情，也揭示了弘农杨氏世系官爵及隋唐时期李、杨、武贵族之间的关系，为研究隋唐时期关陇政治集团提供了重要的参考；其次，顺陵石碑中还用了武则天所造的绝大部分新字。造字时间约在永昌元年（689）至载初元年（690），碑文中大量使用了武则天所造新字，武则天所颁布的新字，一说是19个字，但真正起作用的是17个字，在顺陵碑文中就有"臣、星、载、人、初、圣、地、年、国、日、月、天、正、君、授"15字之多，这些字颁布后，没有被使用，但唯一的"曌"字作为武则天的名字被保留下来和使用到现在。

再次，碑文是对武则天"无字碑"的重要补充，碑文当时由武则天授意并审定，除了写她母亲杨氏的一生，或多或少地记载了武则天的身世、信仰以及经历的人生坎坷，尤其是她由皇后登上皇帝之位的记载，具有很高的史料价值；最后，其书法价值极高，碑文由梁王武三思撰写，唐睿宗李旦书丹。李旦擅长书法，墨品存世很少，仅有曲阜孔子庙堂碑额、西安碑林景云（观）钟铭，唯独顺陵碑是他存世字数最多的墨品。正书，方正细劲，古朴雅拙。窦蒙赞扬："书法正体，不乐浮华。"重印孤本《跋》评价："文字资足后人考镜""墨气深湛""笔锋精采""唐拓精研""书法绝文皇亦不多靓庙堂碑额……大书而又多于钟铭十倍，尤为可宝。"国务院1961年公布顺陵碑为第一批书法艺术名碑。

尽管今天在顺陵我们已无法看到"大周无上孝明高皇后碑"这通巨碑了，但它在历史长河中的影响和价值是弥足珍贵的，我们仍然可以通过咸阳博物院珍藏的顺陵残碑，来想象其当年浑厚大气之风采。

（张延峰）

大唐故王夫人墓志铭

盛世之下 短暂人生

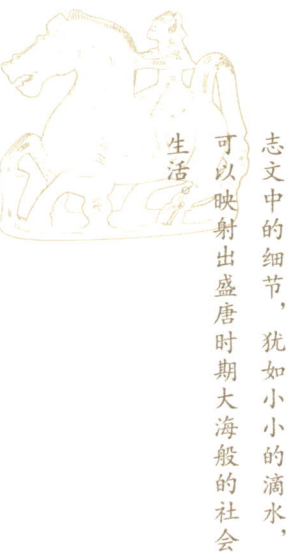

志文中的细节，犹如小小的滴水，可以映射出盛唐时期大海般的社会生活。

王夫人墓志，盖为覆斗形，盖面阴刻篆书"大唐故王夫人墓志铭"九字，字外四周阴刻宝相花纹，四刹阴刻一周缠枝花叶纹，其中一刹花纹受损严重。志为方形，四侧阴刻缠枝花叶纹，志文共313字。现将志文断句、标点，录出如下：

室人太原王氏墓志铭并序

宁远将军守右司御率上柱国张令晖文

吏部常选唐万顷书

吾室人字仁淑，王子宾天之后，得姓于太原。门庆家升，昭彰谱录。祖训府君，衣冠之秀也。父德府君，礼乐之英也。室人韶姿婉顺，靖态繁华。昔在童颜，天纵歌舞。巴渝郑卫之曲，囯蔡秦齐之声，皆能练其节奏，赏其音律。年符二八，召入宫闱。彩袖香裾，频升桂殿。清歌妙舞，常踏花筵。及夫恩命许归，礼嫔吾室。刚柔殆洽，琴瑟方调。谓偕老之齐欢，何独沦于长夜。开元廿七年六月廿六日遘疾，终于京兆府万年县道政里别业，春秋廿有六。呜呼哀哉！泣望琼田，唯念延龄之草；悲瞻玉塞，空想返魂之香。天乎天乎！与善何旷。即以其年七月十一日，迁殡于咸阳县西北平原，礼也。吾以伉俪情重，具物送终；死而有灵，知吾志矣。其词曰：

咸京之隈，佳人夜台。山河旧国，松柏新栽。昔年歌舞人所羡，今时埋没人所哀。吾维哭送兮悲回。

志文是王夫人的夫君张令晖亲撰，述及夫人字仁淑，是家门显庆的太原王氏之后。幼年即显露乐舞天赋，自小学习唐代传承的中原乐舞。开元十七年（729），年方16岁的王夫人被召入宫，常献艺于宫中宴饮。后因诏命放还，嫁给宁远将军守右司御率上柱国张令晖，伉俪情深。开元二十七年（739），王氏因病于京兆府万年县道政里别业中去世，年仅26岁。志文从王夫人的家世、生平，勾勒出了一位出身名门、性格温婉、能歌善舞的美丽女子，字里行间流露出张令晖与爱妻的相知相悦。张氏对爱妻短暂生命的哀婉不舍、痛彻心扉、郁结难消的心情，至今读来，依旧跃然石上，如在目前。

志文中的细节，犹如小小的滴水，可以映射出盛唐时期大海般的社会生活。将志文述及的张令晖的官职、品级，夫人的家世、乐舞技艺、疾终之地，与史料结合，可以触摸到王夫人隐秘的人生，重构她曾经生活过的盛世开元时期的社会图景。

"宁远将军守右司御率上柱国张令晖"，说明张令晖是一名武将。"宁远将军"是正五品下的武散官阶位；"右司御率"是职事官名称，为太子东宫右司御率府的长官，正四品上，掌管东宫的兵仗及宿卫；"上柱国"是勋官十二转的最高级别。所谓"勋官"，是授给有功者的官号，有名位而无实职。《通典》记载，唐人获得勋官后，在刑法、授田、税收、差役、荫子等方面有一定的特权。而勋官制度在唐玄宗时期由于滥授成风，致使勋官地位下降。从阶位、职事官及勋官的品级推测，张令晖的社会地位及生活状况应是中等以上的官宦家庭。

吏部常选唐万顷是志石的书丹者。"吏部常选"不是官职，只是进士及举人及第后进入了吏部选用的序列，再经过年度的铨选考试，才能获得实际的职事官。唐万顷书写志文，应是张令晖所请，不是因为亲友之情，就是因为唐氏字写得好。现在来看，唐氏的字也是唐墓志书法中的精品。

王夫人的祖上太原王氏，自魏晋南北朝以来，世代出将入相，是当时的高门士族，族大势盛，谱系庞杂，在唐早期贵为五姓之一。家族文化崇尚儒学，讲孝道、重礼法。

从墓志推算，王夫人生于开元元年（713），幼习歌舞，早通音律，入宫后，常在宫中表演歌舞。那么唐代宫廷乐舞都有哪些类型？习乐舞者在什么机构获取教育？哪种家庭的子女有学习乐舞机会？

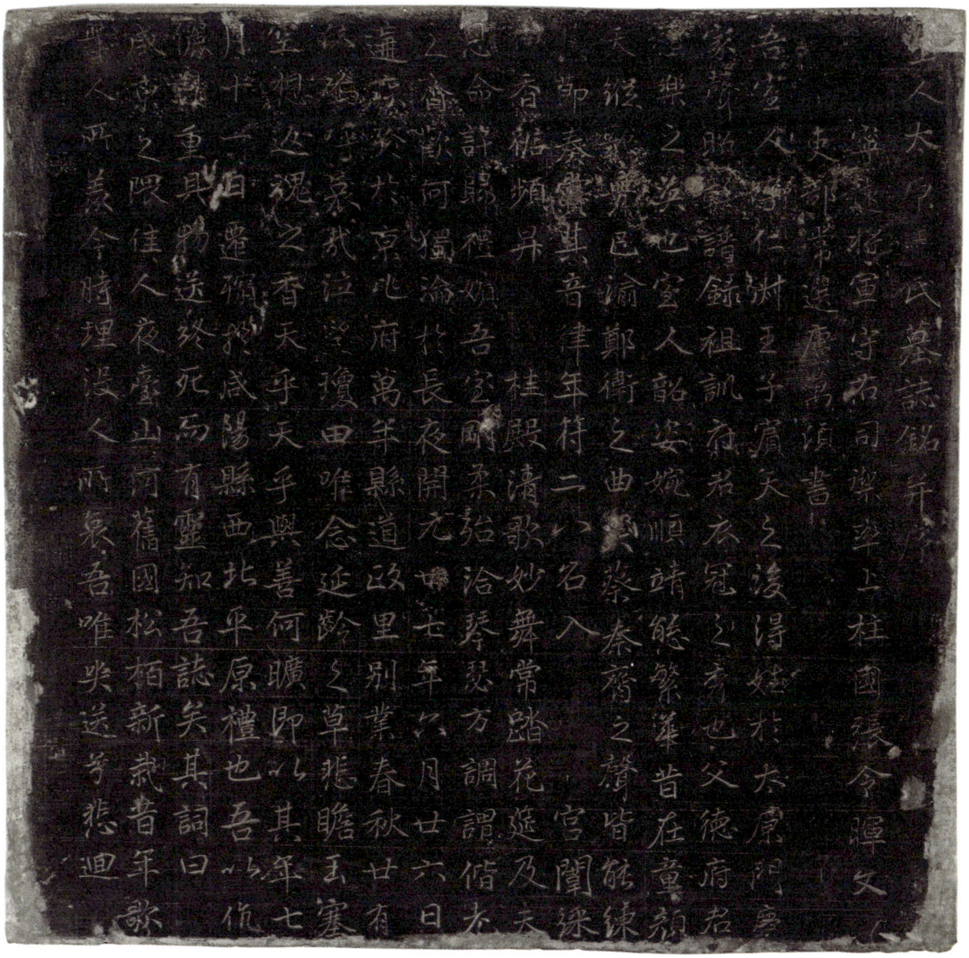

大唐故王夫人墓志铭

唐开元二十七年（739）
盖顶33厘米见方，盖底48厘米见方，厚8厘米
志47厘米见方，厚8厘米
1971年咸阳市渭城区药王洞村出土

初唐至盛唐时期，因帝王对乐舞的重视和喜好，在承袭汉晋以来的乐舞传统的基础上，吸收并学习域外乐舞艺术，博采创新，使唐代的乐舞艺术达到了巅峰。宫廷的乐舞大致分为仪式性和娱乐性。仪式性乐舞有典礼和祭祀的雅乐、宴饮群臣及外宾的燕乐、军队中的凯乐。非仪式性乐舞都是娱乐性乐舞。

唐代宫廷乐舞在隋代的基础上形成《九部伎》《十部伎》。唐玄宗时期将《十部伎》的乐舞编排，创制新的《坐部伎》与《立部伎》。宫廷大曲乐舞，承袭汉魏以来的清商乐舞，融入胡乐、胡舞，形成演奏的"散序"、歌唱的"中序"、舞蹈的"破"三部合一的艺术形式。

唐初有太常寺，是掌管宫廷乐舞的最高行政机关。内设太乐署和鼓吹署。两署最初负责：宫廷礼仪乐舞的教习与整理；百戏、散乐、胡舞等娱乐性乐舞的教习；乐工技艺的培养、考核及乐人簿籍的管理等。后因内教坊、外教坊和梨园的分设，形成了乐舞艺术的分工教习和管理。

高祖武德年间内教坊始设立于宫城禁中。开元二年（714）玄宗迁内教坊至宫城外东北角的蓬莱宫（大明宫），负责宫廷宴享乐舞的教习和演出；又在宫城外的东侧设立外教坊，负责俗乐舞、散乐、胡乐舞、百戏的教习和演出。外教坊分左右教坊：右教坊在光宅坊，多善歌；左教坊在延政（长乐）坊，多工舞。

梨园源自唐太宗时期的梨园别教院。玄宗时期在梨园内分设梨园别教院（演习法曲和乐舞的机构）、宜春院和宜春北院（宫女和宫廷乐舞伎人

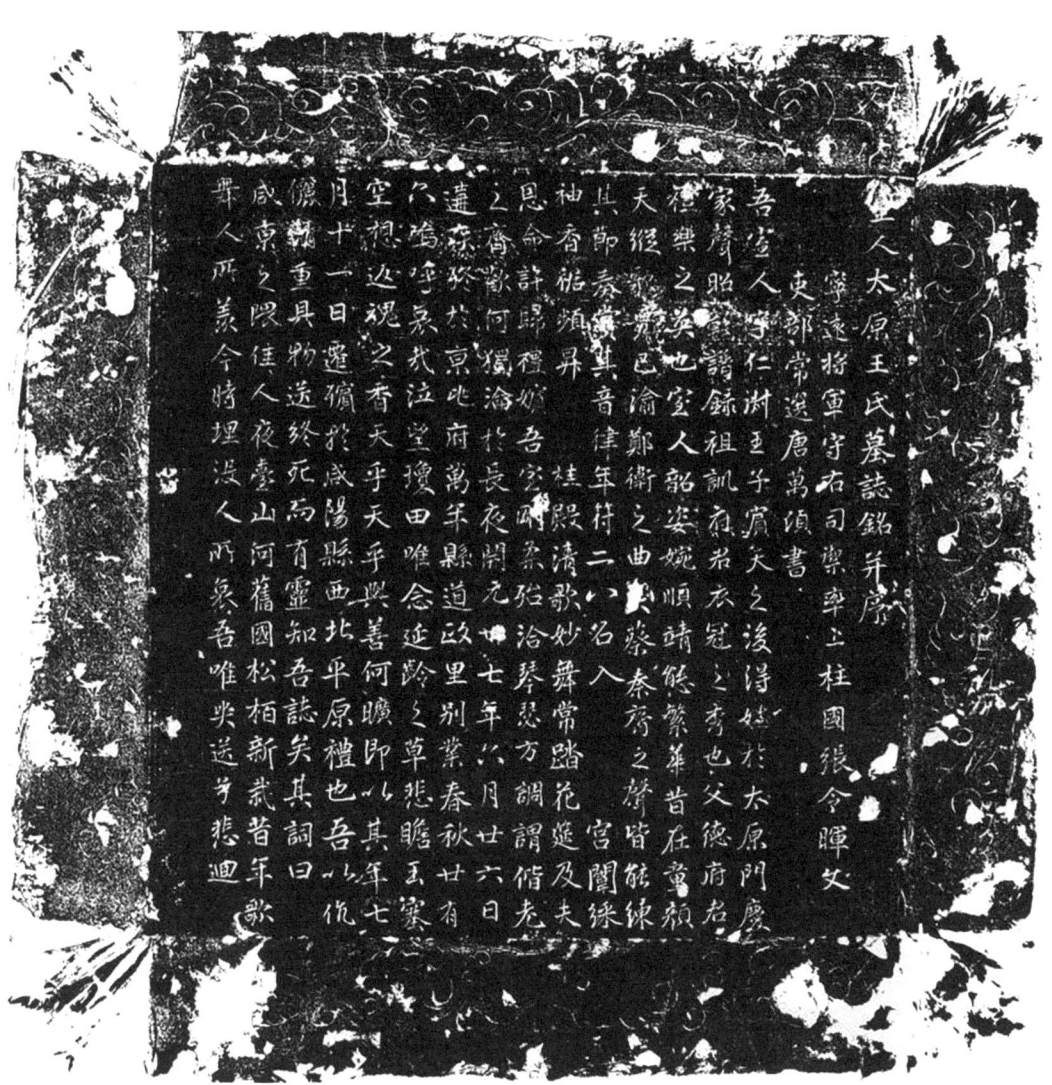

王夫人墓志拓片

夫人太原王氏墓誌銘并序
寧遠將軍守右司禦率上柱國銀令暉女
吏部常選唐萬頃書
吾岂人子洲王子賞之後得姊於太原門慶
家聲人仁頎祖凱府君衣冠之考也父德府名顯
禮樂之英已窒人鉛華姿媚順靖懿繁華昔在曾顏皆
其經之費也諭律鄭衛之曲兼蔡齊之聲能練
袖即綺紈體其音年待二八名入宮闈綠綠
恩香歌譜其歸娟桂殿清歌妙舞常踏花延及
之歌許何禮婧八夜開元博洽七年六月廿六
遠森於京北府萬年縣道政里之草業悲瞻玉寒
空想迄觀之香于長唯念延矜之別悲瞻年七
水鳴涕泣堂瓊田與善七年
月十一日遷殯於咸陽縣西北平原知吾誌其詞曰
儼翳重具佳人送終死高有靈何瞻即以其年
咸京之限今時埋沒人河舊松栢新裁昔年
舞人所羨泉吾唯哭送芳悲迴歌

的居住地）、内园小儿坊（培育15岁以下乐舞艺人的机构）。

盛唐时期乐舞多元化，文化氛围开放。贵宦之家盛养歌舞伎；茶坊酒肆、秦楼楚馆成为民间乐舞教、习、演的场所。宫廷对歌舞的崇尚，使中上层社会重视女性的乐舞教育，受教育的对象多是宫中嫔妃、皇亲贵族及中上层官宦和富商家庭的女子。

王夫人从16岁入宫至26岁疾终在万年县道政里，都应该生活在唐长安城内。我们可以从唐长安城的建筑规划，来了解王夫人曾经生活过的城市空间及其历史文化背景。

唐长安城是由帝王起居理政的宫城、百官衙署办公的皇城和外郭城三部分构成。外郭城由经纬交错的街道划分出的100多个大小整齐的里坊组成。里坊住宅的空间尺寸、规格、装饰因身份高低有相应的规定。玄宗时期长安城人口近百万，上至胄宦，下至平民，以及进入大唐的外国人，都居住在规划整齐的坊里。南北中轴线上的朱雀大街将外城郭的里坊一分为二，西为长安县，东属万年县。两县分置西市、东市，既买卖生活用品，也交易大宗物货。坊间也建有众多的宗教庙宇场所。里坊置有大约3米高的坊墙和坊门，坊门开闭有严格的时间，士兵把守，任何人夜间无故不得进出。

外城郭的兴庆宫是玄宗时期听政、处理国家大事的地方。附近的里坊，多是高官贵族的府邸。而王夫人生前就居住在万年县的道政里，西接东市，北邻兴庆宫，东近春明门，而万年县辖区内是豪宅云集。

驻足在陈列着王夫人墓志的咸阳博物院碑廊，如果你留心，就会梦回大唐，偶遇唐长安城里曾经生活过的鲜活的个体。王夫人生命短暂，却居住在当时世界上最繁华的国际大都市——盛唐时期的长安城最繁华的地段；作为曾学习唐代乐舞文化、16岁就能歌善舞的女子，更领略过唐代波澜壮阔的文化大融合的碰撞与惊喜。她应该不会遗憾，从小与乐舞为伴，进过宫廷，嫁给有文化诗意的高官，还拥有着丈夫的深爱。短暂的生命，如流星划过夜空，绚丽而繁华。阳光穿过枇杷树叶，洒落在静默的碑石上，时间在流逝，千年一瞬，永不停息……

（张晓雁）

唐贺兰府君墓志

千古疑案 真假难辨

> 志文既是对贺兰敏之冤案的辨析，更是对武后专政的无声控诉。

咸阳博物院1964年在咸阳市周陵公社（现咸阳市渭城区周陵镇）贺家村征集唐贺兰府君墓志一合。志文除简要记载志主贺兰敏之的身世生平外，更重要的是披露了志主被则天皇后以罪黜嗣致死的千古疑案，具有重要的研究价值。

志盖呈覆斗形，平面方形，盖面四周刻折枝花草纹，四面斜刹各有一对兽纹。盖上阳刻篆书"大唐故贺兰府君墓志"9字，共3行，每行3字。志石方形，边长84厘米，厚20厘米，四边侧面减底平镌折枝宝相花饰，图案清晰，阴刻正书33行，满行34字，计983字，均刻在2.3厘米的方形界栏内。志文缺损70余字。

贺兰敏之在《新唐书》《旧唐书》无传。志文称贺兰府君名敏之,字常住,河南洛阳人,是"则天大圣皇后外甥,应天神龙皇帝从母兄也"。贺兰敏之的生父贺兰安石袭爵应山县开国男,早卒,赠卫尉卿、户部尚书、驸马都尉、韩国公,母亲是武则天的姐姐"韩国夫人"武顺(后被追封为郑国夫人),"韩国夫人"是中宗李显的亲姨妈,贺兰敏之是李显的表兄,故称"从母兄"。贺兰敏之死于咸亨二年(671),时年二十九岁。贺兰敏之去世前一年,武则天之母杨氏(91岁)刚去世。以此推算,贺兰敏之应生于贞观十六年(642)。由于他出身于北魏贵族贺兰氏家族,世祖代代有功,因此十五六岁便袭爵应山县开国男,成为从五品少年。

武则天的两个同父异母哥哥武元庆、武元爽,系武士彟元配相里氏所出。唐初都以功臣子封官,武后当年与母亲回文水为父亲守丧期间受到他们的排挤、冷漠,他们不但不配合武后,反而散布不满言论,这让"独持国政"的武后对他们失去了希望和信任,因此向高宗奏请,选择她的外甥贺兰敏之作父亲的继嗣。《新唐书·列传·武士彟》记载,乾封元年(666),"后取贺兰敏之为士彟后,赐武姓,袭封"。《资治通鉴》第二百〇二卷咸亨二年(671)夏四月条:"初。武元庆等死,皇后奏以其姐子贺兰敏之为士彟之嗣。"

该墓志及《攀龙台碑》《孝明高皇后碑》均未提武士彟立嗣之事。又据《新唐书》本传:"初,魏国(即魏国夫人,贺兰敏之之妹)卒,敏之入吊,帝为恸,敏之哭不对。后曰:'儿疑我!'恶之。"武后已觉察敏之怀疑是她害死自己的妹妹,对敏之已"恶之",这也为武后决定不再立他为父亲继嗣埋下了伏笔。

《旧唐书·外戚传·武承嗣》记载敏之有五条罪状:一、烝于荣国夫人,【武则天被立为皇后,册封母亲杨氏为代国夫人,显庆五年(660)十月九日,改封荣国夫人,后又改封卫国夫人】,恃宠多愆犯,则天颇不悦;二、荣国夫人卒,则天出大内瑞锦,令敏之造佛像追福,敏之自隐用之;三、司卫少卿杨思俭女有殊色,高宗及则天选以为太子妃,成有是日矣,敏之又逼而淫焉;四、及在荣国服内,私释衰经,著吉服,奏伎乐;五、时太平公主尚幼,往来荣国之家,宫人侍引,又尝为敏之所逼。(《新唐书·外戚传》同)

千余年来,这五条罪状让敏之身败名裂,人人唾之。这五条概括起来包含两个方面,一是品行不端,行为放荡;二是贪污专资,以为己用。

品行方面,荣国夫人本是虔诚的佛门信徒,虽未授戒,仍以佛法持戒精进,礼敬诸佛,禅定六度十愿,保持心灵净土。无论野史、正史都描述杨氏一贯品行端正,心无邪念。"烝",《说文》:"火气上行。"这里指同母辈发生不正当关系。尽管唐朝社会开放,不至于"开放"到外孙"烝"自己年迈的外祖母,宫廷中年轻貌美的女子成群,完全没有那个必要。按时间推算,武德三年(620)以后,荣国夫人才嫁给武士彟。她的外孙贺兰敏之长大成人时,以古代20岁行成人礼计算,贺兰敏之20岁时,荣国夫人杨氏已83岁了。两者相差63岁,还是自己的外祖母,与其说是"对

唐贺兰府君墓志

唐神龙二年（706）
盖顶边长65厘米，盖底边长82厘米，厚18厘米
1964年在咸阳市周陵公社（现咸阳市渭城区周陵镇）贺家村征集

杨氏的污蔑",不如说是对敏之的诬陷。武则天对自己的亲外甥强加"烝"于大他63岁的"荣国夫人"之罪名,而被"烝"者却是武则天自己的生母,于情于理均难于令人信服。而武则天竟以此作为斥责贺兰敏之的罪状,亲自揭发其母的败德之行,也太让人匪夷所思,在以孝治天下的时代,实在是违反了"为尊者讳,为亲者讳"！志文描述敏之的相貌、修养、品行、才智和魅力:"冲襟朗鉴,风度□□,瑶林□□,不杂风尘。鸾章风姿,居然物外。饰躬闻礼,承家必尽于孝慈;抗节徒□,□国必□于忠义。"虽有夸张、粉饰之嫌,但敏之天生貌美、聪明、博学,恐怕是被姨妈看中,立为武家嗣子的主要原因。然而这也最终让他走向绝命天涯。

金钱方面,为杨氏造像祈福的钱本身就是一笔糊涂账,《旧唐书》说"则天出内大锦及钱数十万",表明是官府的钱;《新唐书》载,"后出珍币建佛庐徼福",两者性质差别很大。从一品的敏之,享受仅次于三师(太师、太傅、太保)待遇,"朝陪紫极""夕宴青宫",锦衣玉食,生活富裕无忧,没有贪污的必要。因此司马光的《资治通鉴》,欧阳修、宋祁的《新唐书》都未采用。

那么武则天又为何要强加"烝"罪于贺兰敏之呢？笔者以为有三点原因:

其一,武后、杨氏信奉佛教,从《大云经》中找到女子为王的理论根据。而敏之却推崇儒家经典,同她背道而驰。敏之在弘文馆和相关场合宣扬的理论,与武后的政治路线貌合神离。在武后眼里,凡与她政见不合的

唐贺兰府君墓志碑头拓片

人，都会被她用各种手段除掉，这也许是武则天一心要置贺兰敏之于死地的根本原因。

其二，敏之是个外向型性格，"倏忽而鹤唳九霄，须臾而骥驰千里。……鸣珂响佩，升甲观而遨游"。迁左侍、兰台太史后，成为弘文馆的首领，"仍令鸠集学士李嗣真、吴兢之徒，于兰台刊正经史并撰传记"，因而"贝锦成诽""遽变缇萦"。墓志又载："金殿异其恩荣，玉堂殊其礼口。既而时移代易，木秀风摧；萋斐且行，薰猷遽改。"贺兰敏之才貌出众，又多得朝廷恩宠，他的亮点和光环也就变成武后身边谗言者骤然造谣陷害他的祸根。

其三，韩国夫人（贺兰敏之之母）、魏国夫人（贺兰敏之之妹）母女之死很蹊跷。魏国夫人死于乾封元年（666）。最初魏国夫人在宫中得宠，使武后心生恨意。高宗山东封禅后，武惟良、武怀运回京述职，向魏国夫人献食，"后密置毒醯中，使侄女魏国夫人食之"，因敏之对母亲和妹妹的死没有表态，三年之内，母女无疾双亡。武后觉察出敏之对她心存仇恨，与其养虎为患，不如斩草除根。

尽管晚年的武则天明智宽容了很多，为酷吏制造的冤案昭雪。《遗制》让王皇后、萧淑妃等人的子孙复业，为袁恕己增加实封，但就是不提敏之冤死之事。由此可见，敏之的罪过表面看起来是家事，实质上反映了武后执政期间政治与权力的斗争。

中宗二次即位当年复唐国号，以洛阳为东都，诏令恢复武后所改社稷名称，昭雪武周时期诸多冤案。嗣子贺兰琬正是在这样的社会背景下，改葬敏之，并亲自撰写墓志铭，其中为敏之辩白伸冤的文字占了相当分量。

因为是罪死，当年只能简单厝埋。敏之冤案得以平反距他去世相隔了三十八年。景龙三年（709）中宗为他平反后，志文赞颂中宗"恩俞扣玉，礼晟镕金，文物振其威，□明畅其气"，为敏之平反，恢复名誉，并赠持节秦州都督、太子少傅，以官方名义为敏之的冤案画上了圆满的句号。贺兰琬才"瞻仙访吉，卜宅祈祯"，隆重安葬，特为他撰写墓志，表达了对武后的控诉。

《大唐故贺兰都督墓志》可补正史书之不足。征集墓志石的地方，至今有贺家、北贺、南贺三个村庄，村民多以贺姓为主。北魏推行汉化政策，改"贺兰"复姓为"贺"，此墓志又为考究这里的村名及贺姓渊源提供了重要的实物资料。

（马社强）

唐故安国寺照和上碑

高僧名碑 清遒大度

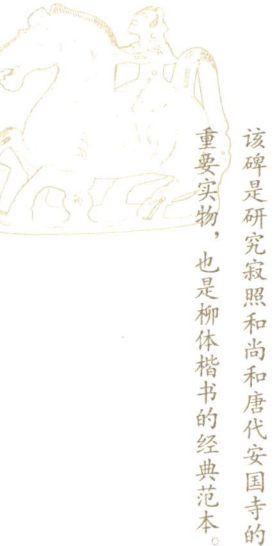

该碑是研究寂照和尚和唐代安国寺的重要实物，也是柳体楷书的经典范本。

　　唐故安国寺照和上碑又称寂照和上碑，被后世推崇为唐代名碑之一，原在今咸阳市秦都区马泉镇魏店村路旁用碌碡支立。民国二十一年（1932）《重修咸阳县志·金石》条记载："向在马跑泉，明武功康栐识之，邑人御史王献移城中，在县立第一民众图书馆。"20世纪60年代初移至咸阳博物院院内。

　　碑首与碑身整石雕成，碑首左右各雕三条蟠螭，正中阴刻篆书"唐故安国寺照和上碑"9个字，碑身两侧素面。碑面阴刻真书29行，满行52字，实有1452字，首行题款"大唐安国寺故内外临坛大德寂照和上碑铭并序"。题款后刻1行44字，文为"开成六年岁次辛酉正月癸酉朔六日戊寅门人

唐故安国寺照和上碑

唐会昌元年（841）
通高近2米，宽0.61～0.74米
原在今秦都区马泉镇魏店村路旁用碌碡支立

圆进……等同建"。落款开成六年实为会昌元年（841）。实际情况有可能是唐武宗继位改年号为"会昌"时此碑已刻就完成。

碑文记载了唐代寂照和尚幼时天资聪慧，记忆好，悟性强，7岁时家人领其至总持寺谒识禅师，始具五戒，初读《妙法莲花经》一目5行，人皆异之。后来，授姚秦时鸠摩罗什译《维摩诘所说经》及玄奘译《阿毗达摩俱舍论》，经未授毕，即见异效，众人称其为"圣童"，遂落发为僧。

唐大历十四年（779），22岁的寂照在西明寺（延康坊遗址在今西安市碑林区白庙西村南侧）坛试得度，隶籍于慈悲寺。不久，他在海觉寺讲经论道，并精研《涅盘经》诸译本与马鸣菩萨所作《大乘起信论》。

贞元六年（790），德宗下诏迎岐州圣朝无忧王寺（今扶风县法门寺）佛骨（舍利）入禁中供养，寂照也得以游岐州诸寺。当时京西擅长律学者闻风而至。这些人中有头插贝多罗叶的，有钵盛葡萄蔓的，形形色色，自以为得意，寂照的依礼接待使他们自惭形秽，从偏门溜出。

贞元十年（794）春，寂照途经蔚州（今河北蔚县），前往佛门圣地清凉山（今山西省五台山），见曼殊大士，并寻访普贤菩萨修道之处。随后游历太白山，止于福庆寺，往来于渭滨、鄠坞之间达十余年。

嗣后，他授徒于陇州（今宝鸡市陇县），永和元年（808），在咸阳县魏店镌立佛顶尊胜陀罗尼经幢。因其在佛坛享有盛誉，这一年，朝廷功德使请其入住长安城中的敕建安国寺。不久，朝廷需请二位德高望重的僧人住持敕建圣容院，寂照即为被选中的二人之一。

圣容院位于长安城中敕建大招福寺内，是中宗李显为供奉其父高宗李治在东宫时的真容（画像）而建，为寺中之寺，极为华贵。寂照能入住此寺，并接受钦赐二时袈裟和配隶僧侣7人，这在当时京城佛教界影响很大。随后在大和元年（827）夏，寂照奉诏入宫内神龙寺，第二年又移居延康寺（安国寺）。于大和七年（833）冬患病，半月后圆寂，终年76岁。

此碑之所以被后世列为唐代名碑，是由于撰文、书丹都是当时的名家。碑文撰写者段成式《全唐诗》有传，系宰相段文昌之子，著名文学家，历任尚书郎、太常少卿等。段成式本人除了佛学知识丰富，文学修养很高，对寂照的身世、佛学造诣和在关中佛教界的声望、地位等也必然耳闻目睹，知根知底，这就是为什么门人兴善寺实相上人"请词其德"的缘由。碑铭尤其对寂照在演释佛典经义、传授和弘法方面所达到的"精微奥义"给予高度评价和肯定。该碑书丹者无可是著名诗人贾岛的堂弟，唐代高僧，诗同贾岛齐名。无可一手柳体炉火纯青，颇得"柳体"风神。明赵崡《石墨镌华》称其"书法出柳诚悬而优孟者"。安世凤《墨林快事》云："无可之书固一时习尚，石经多此法可知也。然此碑则导源二欧，掩有河东清遒圆利，洵可擅一时之技出诸书僧之上。"无可与柳公权是同辈人，柳公权《玄秘塔碑》（裴休撰文）正是立于会昌元年（时柳公权63岁），即与此碑几乎同时所立。

安国寺，是唐代著名的宗教寺院，位于唐长安城长乐坊以东（遗址在今西安市新城区电厂路龙华村北侧），与青龙寺、兴善寺齐名。安国寺作为唐时皇家最高级别的寺院，一直受到皇家的供养。碑文记载（穆宗、敬宗、文宗）"自长庆中、宝历末、大和初，皆驾幸安国寺，大德导于前跸"，可见寂照和尚甚受尊崇。遗憾的是安国寺院现已无存。

虽然寂照和尚本人在《新唐书》和《旧唐书》中未曾立传，但有幸的是咸阳博物院收藏的"唐故安国寺照和上碑"对高僧寂照和尚的身世、悟性、皈依经过、佛学修养，以及他在关中和西京佛教界的声望、地位等都做了详细的描述，弥补了史料之阙，为我们研究唐代安国寺提供了第一手珍贵的实物资料。

这通碑书丹者无可的柳体用笔斩截爽利，点画瘦硬挺拔，结体清遒大度，堪称柳体碑帖范本。此碑无论其史料价值和书法艺术价值，在唐碑中都占有极其重要的地位。

（张延峰）

明清拴马桩

庄户『华表』民俗瑰宝

拴马桩,不再是豪门大户的标志,也不是身份地位的象征,已成为民俗石刻艺术的重要组成部分。

近年来,随着"收藏热"的升温和对民俗文物的重视,原先散落于乡村房前屋后或堆放在杂草丛中的拴马桩被越来越多的人重新认识。它是明清时期北方民间石刻艺术品中具有浓厚地方特色的一种民俗文物。在咸阳博物院矗立着数百余件拴马桩,它们造型生动、雕刻精致、寓意丰富,引起游客极大的兴趣和关注。他们或驻足拍照,或徜徉其间,或摩挲沉思,或凝目注视,部分青石质地的狮首拴马桩被观赏者抚摸得黝黑发亮,甚至有游客将拴马桩群戏称为古代的"停车厂"。拴马桩已成为游客游览参观的一大新亮点。

自从人类驯化马以来,拴马桩也经过了漫长的演化过程。最初

拴马桩群

没有固定的拴马桩，一棵树，一根木桩子，一块石头，只要能系马缰绳就可以了。在内蒙古的呼伦湖中竖立着一块不规则的长方形石柱，相传为一代天骄成吉思汗的拴马桩，它也许就是拴马桩的雏形。自古以来，马是作战、驮运物品及代步的主要交通工具，古时的驿站旁就常常设立有大批的拴马桩。加之蒙古族、满族等北方游牧民族有骑马狩猎的习俗，因此人类大量使用马匹是拴马桩产生的直接原因。明清两代，石刻的拴马桩已非常普遍。民国以后，骑马出行逐渐被汽车等新的代步工具取代了，拴马桩就逐渐减少。

马、驴、骡在北方地区是一种重要的生产工具，一个家庭拥有的土地越多，所需的马匹也就越多，所以在北方农民的心里，拴马桩又是富裕的象征和标志，这也是大批的拴马桩能够产生和保存下来的重要因素。陕西渭北地区所见到的拴马桩就是北方农耕文化的产物和缩影。拴马桩不仅具有拴系马、骡等牲畜的实用功能，还因其放置在富户人家的大门两侧，成对或成排状栽设，好似佛寺山门的护法金刚，守卫宅主平安，并与门前建筑互相映衬，成为宅院建筑的有机构成部分，起到了一定的装饰作用。拴马桩一般高2米左右，特别高大的可达3米以上，其中雕刻最为精美的被誉为"看桩""望桩"或"样桩"，堪称庄户人的"华表"。

咸阳博物院这批拴马桩材质多为青石，细沙石较少，青石质地坚硬、细腻，更有利于精雕细作。拴马桩通体可分为四部分：桩座、桩身、桩颈及桩首。桩座深埋于地下，是方形石桩的原坯料，略粗于桩体。桩身多为

狮首拴马桩

四棱形、六棱形、八棱形，少数桩身在1米高处凿一个圆孔，用以系马缰绳。桩颈与桩身连为一体，一般分为两层，上层为圆鼓形，下层是方形，四面浮雕以花草、动物及几何图案为主，有的在桩颈的四角圆雕四个表示吉祥如意的"垂莲柱"。桩首是拴马桩最重要的部分，为圆雕的各种动物、植物及人物造型，其中动物和人物有很多巧妙的组合，寓意深刻，耐人寻味，充分体现了雕刻者和使用者的文化情趣和美好愿望。

桩首雕刻最多的是狮子。狮子多呈蹲卧状，后腿蹲坐，前腿支撑。头部向左或向右略偏，鬃毛为螺旋形，双目圆睁，张口露齿，颈系铃铛。前腿裆下镂空，大多左前爪或右前爪下踩一圆球或小狮子。

桩首雕狮寓意驱魔避邪。狮子为兽中之王，威武凶猛。它最早传入中国应是在西汉时期，为汉武帝派张骞出使西域引进的"殊方异物"之一。石狮的雕刻始于东汉，风格拙朴，充满了神异感；南北朝时期，随着佛教的传入，人们更把狮子神化起来，认为它是高贵尊严的灵兽，是佛法的守护者，是文殊菩萨的坐骑，人们对狮子寄托了神通广大、威力无比的遐想；唐代石狮的雕刻基本写实，突出其凶猛；宋以后凶猛之气减弱，显出驯顺之态；到了明清时期，便胸前挂铃铛，足下玩绣球，形象类似于家养的猫和狗，写实终于变成了装饰。拴马桩桩首的狮子大多为蹲狮。蹲狮较之走狮、奔狮等其他造型更给人以"稳"感，"稳"使拴马桩具有稳固感，因而所系之马也应该安静、温顺，从而起到震慑牲畜的作用。

桩首雕猴子的拴马桩，猴子形象顽皮可爱。有猴子吃桃型，小猴坐于石山之上，圆圆的大眼睛，尖嘴瘦腮，双腿交叉，双肘置于膝上，双手捧桃送于大张的口中，惬意地享受美味；有猴子沉思型，小猴两腿并齐，双肘置于双膝上，双手托腮作思考状，憨态可掬，让人忍俊不禁；还有猴背猴型，老猴坐于石山之上，一小猴爬于其肩部戏耍，极富生活情趣。

桩首雕猴应与传说中的孙悟空有关。孙悟空曾任弼马瘟一职，专职饲养天马。桩首雕一管马之官，所拴之马必然温顺服帖。又，"弼马瘟"与"避

猴子吃桃型拴马桩

猴子沉思型拴马桩　　　　　　　　　　猴背猴拴马桩

马瘟"同音，避马瘟可使所系之马免生瘟疫，表达了人们希望家畜兴旺、平安的美好愿望。因此猴形拴马桩具有一定的吉祥意义。此外，《西游记》中的孙悟空机智勇敢、乐观诙谐、降妖除怪、本领非凡，深受人们的喜爱。而且猴子调皮可爱，老幼皆爱，民间工匠取材于人们喜闻乐见的动物形象雕于桩首，放置在门前，也是合乎情理的。大猴背小猴型拴马桩则兼有取其谐音"辈辈封侯"之意，反映了人们对美好生活的向往。

人骑狮型拴马桩

人骑狮型拴马桩

荷苞型拴马桩

除了猴、狮等动物型桩首外，还有部分人骑狮型桩首，人物头戴小圆平顶帽、螺旋形高顶帽，身穿宽大衣，腰系带，足登高腰靴。深目高鼻，双目微闭或俯视，神情泰然自若，并非关中人形象，应该为阿拉伯地区或我国西北少数民族形象。人骑狮中的人物双手紧抓狮子鬃毛或嘴巴两侧，左腿盘曲，右腿撑立骑于狮背。人物左肩部或蹲一小狮，或蹲一只鹰，也有少量左肩蹲狮，右肩架鹰的，或者左肩架一小孩，右肩背一葫芦形物。显然，伴随着狮子的引入，驯化狮子的胡人也随之入住中原。人骑狮型桩首的狮子造型大同小异，所雕狮子形象安静温顺，显然已被人所驯服。

植物型桩首有一件为含苞待放的荷苞形状，莲瓣部分向上、部分向下。栩栩如生的荷苞型桩首给人一种欣欣向荣、富有生命力的美感，极富浓郁的生活气息，体现了民间艺人以现实生活为题材的写实作风和艺术思想。

造型丰富、变化多端的拴马桩桩首多与民间传说、神话故事有关，具有避邪、震慑及祥瑞等多种不同的寓意，是一定历史时期人们思想观念的反映。

这批拴马桩构思新颖独特、不拘一格，布局合理协调，雕刻刀法娴熟，风格质朴浑厚，尤其是在一尺见方的桩首雕刻出复杂的造型，将圆雕、浮雕、镂雕和线刻等多种创作手法融为一体。桩首以圆雕为主，雕刻出动物、植物及人物的大体轮廓，而狮子的鬃毛以浮雕手法表现，猴子及人物的眼、鼻、嘴等部位则为线刻；桩颈以浮雕和线刻相结合；桩身为线刻的几何图案。这批拴马桩具有鲜明的陕西渭河以北的地域特色和时代风格，将中国传统文化与当时的社会生活巧妙地结合起来。

拴马柱艺术的雕刻者，都是陕西渭北当地的老艺人，他们凭着师徒关系世代传承着石雕技艺，并不断地根据自己的生活体验进行创新，使拴马桩艺术逐渐丰富成熟。像大多数民间艺术一样，拴马桩上没有留下雕刻者的姓名，但他们所创造的艺术是永恒的。这些拴马桩原先都分属于不同的家庭，在不同的时间，经过不同的方式来到了博物院，汇聚成为颇为壮观的拴马桩群，实现了从民间到文化殿堂、从庄户人家"华表"到民俗文物瑰宝的华丽转身。如今的拴马桩，不再是豪门大户的标志，不再是身份地位的象征，而是咸阳博物院展陈的有机补充和延伸。

（王亚庆　张　娟）